Schlesische Schatztruhe
Görlitz Information
Görlitz Tourismus & Marketinggesellschaft mbH
W0393427
Heidi
in
Schlesien
URANIA
REISEN
Görlitz-Tours
sagenhafter
Stadtwächter
rundgang

Frank Vater

GÖRLITZ Eine Stadt mit vielen Gesichtern

Geschichte, Architektur, Kultur

Verlag
Görlitz

Impressum:
Chichinebs Verlag Görlitz
02826 Görlitz, Brüderstraße 3
Tel.: 03581 / 66 12 70, Fax: 03581 / 66 12 68
e-mail: chichinebs@gmx.de
1. Auflage, 1-15 000, 01/2006
ISBN: 3-939177-00-8 / 978-3-939177-00-5

Text, Fotografie und Satz: Frank Vater, Chichinebs Verlag Görlitz
Druck: MAXROI Graphics GmbH, Görlitz

Frank Vater

GÖRLITZ

Eine Stadt mit vielen Gesichtern

Geschichte
Architektur
Kultur

Verlag
Görlitz

Geschichtlicher Überblick

Die Entwicklung der Stadt und der Oberlausitz

Kurzrundgang

Die 25 wichtigsten Objekte der Görlitzer Altstadt

Gotisches Görlitz

Mittelalter in der Görlitzer Altstadt

Renaissance in Görlitz

Aufbruch in eine neue Zeit

Görlitz während des Barock

Absolutistischer Einfluss aus Sachsen

Klassizismus, Gründerzeit, Jugendstil

19./20. Jahrhundert in Görlitz

Eine Stadt zum Genießen

Essen und Trinken in Görlitz

Übernachten in Görlitz

Es ist unmöglich, Görlitz an einem Tag zu erleben

Die besonderen Stadtführungen

Görlitz, sachkundig und unterhaltsam erleben

Einkaufserlebnisse

Shoppen in historischem Ambiente

Reiseziele der Region

Görlitz liegt doch in der Mitte Europas

Register

Zum Suchen und Finden

Stadtplan

Lange Nacht der Museen

jährlich, immer Mitte September

www.museumsnacht-goerlitz.de

Storchen museum
Naturschutz-Tierpark
Görlitz, Zittauer Str. 43

Staatliches Museum für Naturkunde
Am Museum 1 / Marienplatz
Naturkundemuseum

Schlesisches Museum
Schönhof
Brüderstr. 8
„Goldener Baum"
Untermarkt 4

Fotomuseum
Löbauer Str. 7

Jakob Böhme Haus
Zgorzelec
ul. Daszyńskiego

Entdecken Sie das nächtliche Leben in den Görlitzer Museen

mit viel Musik, Film, Sonderausstellungen, Vorträgen und allerlei Kulinarischem!

Dom Kultury
Zgorzelec
ul. Parkowa 1

Kulturhistorisches Museum
Barockhaus Neißstr.30
Reichenbacher Turm
Kaisertrutz

Spielzeug museum
Rothenburger Str. 7

Rübezahl museum
Nonnengasse

Geschichtlicher Überblick

Die Entwicklung der Stadt und der Oberlausitz

Kurze Zusammenfassung der Geschichte der Stadt von den Anfängen bis in die neuere Zeit

Becher Krüge Scherben

Jährlich treffen sich Mitte Juli Töpfer und Gastwirte in der Görlitzer Altstadt, um das Beste ihrer Arbeit anzubieten. Über das Schauen und Kaufen hinaus spiegelt der Markt die schlesische Lebensart und Tradition wieder.

SCHLESISCHER TIPPELMARKT GÖRLITZ

Die Anfänge

Die erste schriftliche Erwähnung von Görlitz findet sich 1071 in einer Urkunde, mit der Heinrich IV. dem Hochstift Meißen acht Königshufen schenkte. Heinrich IV. hielt sich zu dieser Zeit in Meißen auf, um in einem Streit zwischen polnischen und böhmischen Herzögen, schlesische Gebietsansprüche betreffend, zu vermitteln.

Der Name der damaligen Siedlung, Goreliz, leitet sich von dem slawischen Wort „zgoreti" ab, welches soviel wie ausbrennen bedeutet.

Die Region selbst, für die seit dem 16. Jahrhundert der Name Oberlausitz gebraucht wird, diente aber bereits viel früher slawischen Stämmen als Siedlungsgebiet. Auf der vermutlich zum Zwecke der Missionierung bereits Ende des 9. Jahrhunderts entstandenen Völkertafel des so genannten Baierischen Geographen werden die Milzane mit 30 Burgen (civitates) erwähnt. Siedlungszentrum der Milzener war Milza bzw. Milska (Bautzen). Die in der oben genannten Völkertafel mit 2 Burgen (civitates) aufgeführten Bezunzane wurden von Historikern dem Gebiet um Görlitz zugeordnet.

Das Jahr 1075 ist ein weiterer wichtiger Meilenstein in der Entwicklung der Oberlausitz. Heinrich IV. belehnte in diesem Jahr den böhmischen Herzog Vratislav auf alle Zeit (in perpetuum) mit den provinciae Budissin et Lusatiae und schuf damit die Grundlage für einen lang andauernden böhmischen Einfluss auf dieses Gebiet. Die folgenden 200 Jahre waren von einer Reihe wechselnder Herrschaften geprägt. Mitte des 13. Jahrhunderts, nach dem Tod des böhmischen Königs Wenzel I. im Jahr 1253, fiel die Oberlausitz, vermutlich wegen der Heirat einer Tochter Wenzels mit Otto II. von Brandenburg, an die Askanier. Die Erbansprüche Böhmens auf die Oberlausitz scheinen aber nicht aufgegeben, denn bereits 1319 wurden Bautzen und Kamenz, 1329 Görlitz und Zittau (nach 10-jähriger Verpfändung an den schlesischen Herzog Heinrich) wieder böhmisch.

Die Amtsgeschäfte der jeweiligen Landesherren, der böhmischen wie der brandenburgischen, wurden in der Oberlausitz durch Landvogte geregelt, die der Landesherr aus dem eigenen Adelsstand auswählte und einsetzte. Da diese fremden Landvogte sich aber selten längere Zeit in der Oberlausitz aufhielten, wurden wesentliche Teile der Amtsgeschäfte an den einheimischen Adel weitergegeben. Dies erlaubte wiederum den hiesigen Ständen eine sehr freie und eigenständige Entwicklung, die entsprechend deklarierte Anerkennung und Huldigung des jeweiligen Landesherrn vorausgesetzt.

Heinrich IV. (1050-1106)
Heinrich IV. wurde im Alter von 6 Jahren 1056 König von Deutschland, Italien und Burgund und 1084 Römischer Kaiser. Bekannt ist sein Name u.a. durch den Gang nach Canossa im Jahr 1077. Heinrich IV. beharrte bis dahin auf seinem im Papstwahldekret von 1059 verbrieften Recht zur Mitwirkung an der Papstwahl. Papst Gregor VII. antwortete seinerseits mit Exkommunikation und Absetzung des Königs (Investiturstreit).

Heinrich IV. auf einer Zeichnung aus dem Manuskript "Ekkehardi historia" (1113)

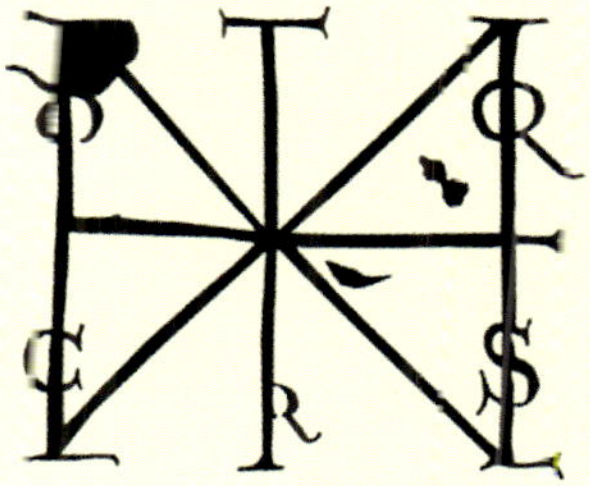

Zeichen Heinrichs IV. auf der Schenkungsurkunde an das Hochstift Meißen

14. / 15. Jahrhundert

Magdeburger Recht, Privilegien, Pönfall

Magdeburger Recht
Stadtrecht, welches sich seit dem 11. Jahrhundert aus Privilegien, Gewohnheiten, Schöffensprüchen und Satzungen des Rates entwickelte und direkt mit der Entwicklung der Kaufmannschaft der Stadt in Beziehung steht. Das Stadtrecht garantierte den Bürgern der Städte ihre persönliche Freiheit, das Recht auf freie wirtschaftliche Tätigkeit sowie das Recht auf Eigentum, Ehre und persönliche Unantastbarkeit. Es regelte auch Strafen bei Rechtsbrüchen. Das Magdeburger Recht wurde auf Grund seiner hohen Entwicklung zum Vorbild für viele Städte des deutschen Sprachraumes.

Stadtrecht und Privilegien

Mit der Verleihung des Stadtrechtes (nach dem Vorbild des Magdeburger Rechts) erlangte Görlitz als erste Stadt der Oberlausitz die Obergerichtsbarkeit und damit die Unabhängigkeit vom landesherrlichen Vogteigericht. Zunehmend wurden die Dörfer und Siedlungen in der Umgebung der städtischen Gerichtsbarkeit unterstellt. Die Zahl der Dörfer und Siedlungen, die in diesem Zusammenhang der Stadt Görlitz unterstellt waren, steigt im Verlauf des 14. Jahrhunderts auf 200. Gleichzeitig stieg auch die Einwohnerzahl der Stadt. 1472 hatte Görlitz bereits ca. 8300 Bewohner.

In diese Zeit fiel auch die Verleihung von Rechten und Privilegien durch den Landesherrn an die Städte der Oberlausitz. Von König Johann erhielt Görlitz 1330 das Recht, eigene Münzen zu prägen. Dieses Recht wurde 1429 durch König Sigismund bestätigt und verblieb bis zum Pönfall 1547 bei der Stadt. Andere für die Entwicklung der Stadt und ihrer Bewohner wichtige Voraussetzungen waren das Zollrecht, das Braurecht, die freie Gerichtsbarkeit und das Recht, Salz zu stapeln.

Von der wirtschaftlichen Entwicklung der oberlausitzer Städte zeugen noch heute u.a. die dokumentierten Streitigkeiten untereinander um im Laufe der Zeit erworbene Rechte und Privilegien. Während Görlitz das Stapelrecht für Waid (seit 1339) besaß, wurde Zittau vom böhmischen König nur der Gebrauch für den Eigenbedarf zugestanden. Der florierende Waidhandel zwischen Thüringen und Breslau war eine wesentliche Quelle des Reichtums der Görlitzer Kaufleute des Mittelalters. Auch die Nutzung von bestimmten Handelswegen war klar geregelt und führte immer wieder zu Auseinandersetzungen. Karl IV. verfügte zu Gunsten von Görlitz, dass alle in Ost-West-Richtung reisenden Kaufleute,

Waidpflanze (Färberwaid)

Waidhaus

welche das Einflussgebiet der Stadt Görlitz kreuzten, auch durch diese Stadt ziehen mussten.

Eine weitere Grundlage für die erfolgreiche wirtschaftliche Entwicklung der Stadt Görlitz bildete die Herstellung und der Handel von Tuchen. In der Mitte des 15. Jahrhunderts arbeiteten in Görlitz 126 Tuchmachermeister. Bis zum Jahr 1527 stieg diese Zahl auf 265. Im Gegensatz zu Bautzen, Löbau und Kamenz war die Tuchproduktion von Görlitz exportorientiert, begünstigt durch die direkte Lage an der via regia, einer der wichtigen Handelsstraßen, die den Westen Europas mit dem Osten verband.

Sechsstädtebund und wirtschaftliche Blüte

Die schnelle wirtschaftliche Entwicklung der oberlausitzer Städte und deren wachsender Einfluss auf das die Städte umgebende Umland verschärften verständlicherweise die Spannungen zwischen den Städten und dem Landadel, dessen Einflussbereiche in gleichem Maße schwanden. Die sich daraus entwickelnden Auseinandersetzungen gefährdeten zunehmend die Sicherheit der für die Städte so wichtigen Handelswege. Mit dem Ziel der Sicherung des Rechtsfriedens im Land entstand 1339 ein auf 12 Jahre angelegtes Bündnis zwischen den oberlausitzer Städten Görlitz, Bau-

via regia
Wörtlich ins Deutsche übersetzt, bedeutet via regia „Straße des Königs' oder „königliche Straße". Mehrere dieser unter dem Schutz des Königs stehenden Straßen sind aus mittelalterlicher Zeit überliefert. Die vielleicht bekannteste via regia verläuft in West-Ost-Richtung durch die Mitte Deutschlands und verbindet u.a. die Städte Frankfurt a.M., Erfurt, Leipzig, Meißen, Bautzen, Görlitz und Breslau miteinander. Eine andere dieser königlichen Straßen verläuft entlang der Küste von Nord- und Ostsee und verbindet Hamburg, Lübeck, Wismar und Stettin. Ab dem 14. Jahrhundert wurde der Begriff via regia durch „Hohe Straße" ersetzt.

Sechsstädtebund
Die Städte Görlitz, Bautzen, Zittau, Lauban, Löbau und Kamenz vereinbarten 1346 , sich bei der Verfolgung und Bestrafung von „... mort brant dube roub und ... andir boze sache ..." zu unterstützen (1350 Erneuerung des Vertrages). Mit dieser Vereinigung wurde aber auch die besondere ökonomische wie politische Stellung der Städte gegenüber dem Landesherrn deutlich.
Karl IV. erkannte 1355 das Bündnis an und gestattete ihm, im Namen des Königs Recht und Frieden im Land zu schützen, Burgen und Festungen abzubrechen, die Acht auszusprechen und auch Urteile zu vollstrecken.

Wappen des Sechsstädtebundes am „Neuen Rathaus" (Nordseite Untermarkt)

15. / 16. Jahrhundert

Tuchmacheraufstand, Verrätergasse

Tuchmacheraufstand 1527
1525 noch durch einen Stadtbrand zurückgehalten, fanden sich die Görlitzer Tuchmacher 2 Jahre später erneut zusammen, um sich gegen den Rat zu erheben. Ausgangspunkt war ein Haus in der heute nach diesem Ereignis benannten Verrätergasse, dessen Tor noch immer die Inschrift DVRT (Der Verräterischen Rotte Tor) trägt. Der Plan der Tuchmacher wurde aber verraten, sodass der Rat Gelegenheit hatte, die Turmuhr des Mönchs (Dreifaltigkeitskirche) um sieben Minuten zu verstellen und die „Aufrührer", zum Glockenschlag des Mönchs verabredet, den vorsorglich verstärkten Wachen des Rates in die Hände liefen. Der Aufstand endete blutig. 9 der Aufständischen wurden hingerichtet, 14 eingekerkert und 25 ausgewiesen.
Der Tuchmacheraufstand im Jahr 1527 entwickelte sich vor dem Hintergrund gesellschaftlicher und wirtschaftlicher Veränderungen im gesamten deutschen Sprachraum. Dazu gehört der zunehmende Einfluss humanistischer Bestrebungen und die von Luther eingeleitete Reformation, wie auch die inzwischen entdeckten neuen Seewege, welche die Struktur des europäischen Handels vollständig änderten, aber auch die in den letzten Jahrzehnten immer größer gewordenen Abhängigkeiten der Handwerker von ihren Auftraggebern, den Kaufleuten. Auch der Bauernkrieg 1525 gehört in diesen Kontext.

tzen, Kamenz und Löbau und den schlesischen Städten Breslau, Neumarkt, Glogau, Strehlen und Ohlau. 1346 wurde diese Verbindung durch den oberlausitzer Sechsstädtebund der Städte Görlitz, Bautzen, Lauban, Kamenz, Löbau und dem böhmischen Zittau ersetzt.

Die oben beschriebenen Umstände waren die wichtigsten Voraussetzungen für die Blütezeit der Stadt Görlitz, wie auch der anderen oberlausitzer Städte, im 15.Jahrhundert und in der ersten Hälfte des 16.Jahrhunderts. Innerhalb des Stadtgebietes entwickelte sich eine rege Bautätigkeit, die auf der einen Seite den wirtschaftlichen Erfordernissen und der steigenden Einwohnerzahl, auf der anderen Seite aber auch dem sich verstärkt ausprägenden Präsentationsbedürfnis der zu enormem Reichtum gelangten Patrizier der Stadt Rechnung trug. Peterskirche, Dreifaltigkeitskirche, Nikolaikirche, Annenkapelle, Frauenkirche und Heiliges Grab zeugen genauso davon, wie viele erhaltene Profanbauten der späten Gotik und der beginnenden Renaissance. Diese Entwicklungen verliefen aber nicht ohne innere Spannungen zwischen den die Geschicke der Stadt bestimmenden Geschlechtern und den Zünften. Bereits 1301 verloren die Tuchmacher zu Gunsten der Kaufherren das Recht auf den freien Verkauf ihrer Produkte und ihr Mitbestimmungsrecht im Rat. In den folgenden Jahren kam es zu einer Reihe von

"Der Verräterischen Rotte Tor"

Zugang zur Verrätergasse aus Richtung Obermarkt

Die Sagen der Stadt und andere Geschichten aus Görlitz erzählen Ihnen auf einem unterhaltsamen Spaziergang "Schreyhals & Spielmann".

Auseinandersetzungen zwischen diesen beiden Parteien, die 1369 und 1405 in Aufständen der Handwerker gegen den Rat mündeten. Den vorläufigen Höhepunkt dieses innerstädtischen Machtkampfes bildete der Tuchmacheraufstand im Jahr 1527. Jedes Aufbegehren der Handwerker endete aber erfolglos oder erzwang nur geringe Teilerfolge.

Reformation und Gegenreformation

In die letzte Phase dieser Entwicklung fiel auch der Beginn der Reformationszeit, eingeleitet durch die 95 Thesen Luthers vom 31. Oktober 1517. Die Thesen Luthers (1483-1546) verbreiteten sich sehr schnell. Bereits Ende 1517 waren Drucke in Leipzig, Nürnberg und Basel im Umlauf. 1521 begann Franz Rotbart, seit 1520 Pfarrer der Peterskirche, öffentlich die neue Lehre zu vertreten. Die offizielle Anerkennung der Lutherischen Lehre durch den Görlitzer Rat folgte dann 1525, nachdem sich der Konvent der Erzpriester von Görlitz, Reichenbach und Seidenberg von der katholischen Kirche losgesagt hatte. Nacheinander folgen die anderen Städte der Oberlausitz dieser Entwicklung. Direkte Auswirkungen hatten diese Entscheidungen auf die Klöster der Städte. Nachdem die Zuwendungen der Bevölkerung für die Mönche rapide abnahmen, verließen diese die Region. Die Klosteranlagen wurden in der Regel den jeweiligen Räten der Städte übergeben, in Görlitz 1564 unter der Maßgabe, ein Gymnasium in den Räumlichkeiten einzurichten. Bereits seit 1458 betrieben die Görlitzer Franziskaner hier eine Klosterschule. Diese Schultradition lebt übrigens bis heute an dieser Stelle, wenngleich auch nicht mehr im selben Gebäude, fort. Der heutige Schulbau steht zwar auf dem ehemaligen Klostergelände, wurde aber erst im 19. Jahrhundert errichtet.

Von einschneidender Bedeutung in der Geschichte der Stadt Görlitz und der Oberlausitz waren die Ereignisse der Jahre 1546/47, der sog. Pönfall. Kaiser Karl V. eröffnete 1546 den Schmalkaldischen Krieg mit der Verhängung der Reichsacht gegen Philipp von Hessen und Johann Friedrich von Sachsen. Ferdinand I., böhmischer König und seit 1526 Landesherr der Oberlausitz – und Bruder Karls V., forderte daraufhin von den oberlausitzer Ständen Kriegshilfe, die ihrerseits versuchten, nicht in die Auseinandersetzung hineingezogen zu werden. Ihre nach Ansicht Ferdinands unzureichende

Schmalkaldischer Krieg
1531 trafen sich protestantische Fürsten und Abgesandte protestantischer Städte Deutschlands in Schmalkalden, um sich gegen den katholischen Kaiser Karl V. zu verbünden. Federführend waren dabei die Fürsten Philipp von Hessen und Johann Friedrich von Sachsen und die Städte Bremen und Hamburg. 1536 erweiterte sich der Bund um die Fürsten von Anhalt, Pommern und Württemberg, sowie die Städte Augsburg, Frankfurt, Hannover, Hamburg und Kempten. Mit der Verhängung der Reichsacht gegen die beiden führenden Fürsten des Bundes eröffnete Karl V. die offene Auseinandersetzung, die er mit der Schlacht auf der Lochauer Heide bei Mühlberg 1547 end-gültig für sich entscheiden konnte. Der Konfessionsstreit selbst war damit aber nicht beigelegt. 1552 musste der Kaiser im Passauer Vertrag, 1555 im Augsburger Religionsfrieden noch einmal besiegelt, den evangelischen Ländern ihre vollen Rechte zugestehen. Fortan galt der Grundsatz „cuius regio, eius religio“: Wessen das Land, dessen die Religion.

Frontispiz der Lutherbibel (1541)

Lutherstube auf der Wartburg
Während seines Aufenthaltes auf der Wartburg übersetzte Luther hier die Bibel in die deutsche Sprache.

16. / 17. Jahrhundert

Renaissance, Bartolomaeus Scultetus, Jakob Böhme

Bartolomaeus Scultetus (1540-1614)
Scultetus gehört zu den bedeutenden Renaissancehumanisten der Stadt Görlitz. Nach dem Schulbesuch in Görlitz studierte er an den Universitäten in Leipzig und Wittenberg Mathematik und Geschichte. 1570 kehrte er nach Görlitz zurück, bezog eine Wohnung im Haus Peterstraße 4 und wurde Dozent am 5 Jahre zuvor gegründeten Gymnasium der Stadt. In der folgenden Zeit befasste er sich hauptsächlich mit Astronomie, Mathematik und Kartographie. So zeichnete er z.B. 1593 die erste Karte der Oberlausitz. 1592 war Scultetus zum ersten Mal Bürgermeister der Stadt, ein Amt, welches er bis zu seinem Tod noch mehrfach inne hatte.

Unterstützung bezahlten die Städte im September 1547 mit dem Entzug aller ihrer Privilegien. In den folgenden Jahren konnten die Städte diese schrittweise zurück erwerben. Das Recht auf freie Ratswahl erhielten sie aber erst 1559/61, die Gerichtsbarkeit 1562. Die vorher dominierende Stellung des Sechsstädtebundes blieb aber auf Dauer zu Gunsten der politischen Zentralgewalt beschädigt. Unabhängig von dieser politischen Situation verbreitete sich wie in anderen Teilen Deutschlands auch in der Oberlausitz humanistisches Gedankengut. Zu den herausragenden Namen dieser Epoche in der Stadtgeschichte gehören u.a. der 1540 geborene Bartolomaeus Scultetus und der seit 1599 in Görlitz beheimatete Jakob Böhme. Im Schaffen von Scultetus standen die Mathematik, die Astronomie und die Kartographie im

Jakob Böhme (1575-1624)
Böhme wurde 1575 als Sohn eines Bauern in Altseidenberg (Zawidow) geboren, lernte den Beruf eines Schuhmachers und ließ sich nach seinen Wanderjahren 1599 in Görlitz nieder. Hier erwarb er das Görlitzer Bürgerrecht und betrieb eine Schuhbank. Mehrere Erleuchtungen und seine persönliche Auseinandersetzung mit diesen Erscheinungen veranlassten ihn, seine Gedanken niederzuschreiben. 1612 entstand mit „Die Morgenröte im Aufgang (Aurora)“ sein erstes Werk. Fortan sah er sich einer andauernden Gegnerschaft ausgesetzt. Sein wohl wichtigster Gegenspieler wurde der Görlitzer Pfarrer Gregor Richter. Auf Drängen seiner Freunde schrieb er trotzdem weiter und es entstanden in den folgenden Jahren u.a.: „De tribus principiis (Die Beschreibung der drei Prinzipien göttlichen Wesens)“ (1619), „Von dem dreifachen Leben des Menschen“, “Vierzig Fragen von der Seelen“, „Von der Menschwerdung Jesu Christi“ (1621-23), ...
1624, im gleichen Jahr wie sein Gegenspieler Gregor Richter, starb Jakob Böhme und musste selbst auf dem Sterbebett noch ein Glaubensverhör über sich ergehen lassen.

1577-80 - Weltumseglung Sir Francis Drakes
1591- Shakespeare: „Romeo und Julia“
1595 - Galilei entdeckt die Pendelgesetze
1601 - Galilei erkennt Massenträgheitsgesetz
1605 - Cervantes: 1.Teil “Don Quichote”
1609 - Johannes Kepler veröffentlicht die ersten beiden Gesetze über die Umlaufbahnen der Planeten
1610 - Galilei entdeckt mit einem Fernrohr die Jupitermonde, Andeutungen des Saturnringes und die Sonnenflecken
1612 - In Görlitz verbietet der lutherische Pastor Jakob Böhme den Mund und untersagt ihm weitere philosophische Veröffentlichungen wie die seiner „Aurora“
1627 - Johannes Kepler veröffentlicht in Prag seine Rudolfineschen Planetentafeln

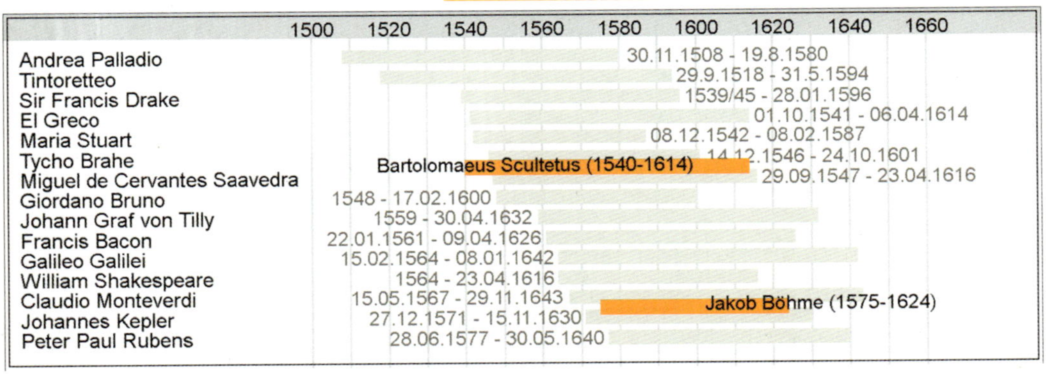

Vordergrund. Die immer noch andauernde Auseinandersetzung zwischen Reformation und Gegenreformation, deren sich anbahnender vorläufiger Höhepunkt (30-jähriger Krieg) und die unmittelbar in diesem Zusammenhang stehenden Lebensumstände dieser Zeit spiegeln sich in dem philosophischen Schaffen Jakob Böhmes wider. Mit dem Ausgang des 30-jährigen Krieges endete die Zugehörigkeit der Oberlausitz, und damit auch der Stadt Görlitz, zu Böhmen. Auf der Grundlage des Prager Friedens von 1635 zwischen dem römisch-deutschen Kaiser und Kursachsen wurde die Oberlausitz im April 1636 durch den so genannten Traditionsrezess in Görlitz dem sächsischen Kurfürsten Johann Georg I. als erbliches Lehen übergeben. Der Krieg selbst endete für die Oberlausitz erst 1650. Görlitz hatte unter den Wirren des Krieges sehr zu leiden. 1633 wurde die Stadt von den Truppen Wallensteins beschossen und erstürmt. 1648 geriet sie zwischen die Fronten der Schweden auf der einen Seite und der sächsischen und kaiserlichen Truppen auf der anderen. Mit dem Übergang zu Sachsen blieb aber die alte Ständeverfassung der Oberlausitz erhalten, so dass Görlitz für einen erneuten wirtschaftlichen Aufschwung auf ihr wichtigstes Gut weiterhin zurückgreifen konnte, ihren Landbesitz. Die Leinenweberei, welche die Tuchmacherei ablöste, ermöglichte den Görlitzer Kaufleuten im folgenden 18. Jahrhundert wieder ihren gewohnten Wohlstand. Ihre führende Stellung unter den Städten der Oberlausitz hatte die Stadt Görlitz aber verloren.

Sächsisches Görlitz

In den folgenden Jahren bis zur Mitte des 18.Jahrhunderts blieb die Stadt von den äußeren Einflüssen nicht verschont. Während des Nordischen Krieges (1700-21) um die Vorherrschaft im Ostseeraum zwischen Sachsen/Polen, Schweden und Russland mussten die oberlausitzer Städte zahlreiche Heereseinquartierungen der durch dieses Gebiet ziehenden Armeen über sich ergehen lassen und deren Ausrüstung und Verpflegung organisieren. Zudem erhöhten sich die Abgaben, welche an den sächsischen Hof gezahlt werden mussten. Neu war die 1705 festgelegte Generalkonsumtionsakzise, eine allgemeine Verbrauchssteuer zu Gunsten Dresdens.

Auch die drei schlesischen Kriege (1740-42, 1744/45, 1756-63 – Siebenjähriger Krieg), in denen sich Preußen bemühte, sein Territorium nach Süden auszudehnen, und der bayerische Erbfolgekrieg 1778, ursprünglich als Auseinandersetzung Sachsens und Österreichs um den bayerischen Thron begonnen, gingen an der Oberlausitz nicht spurlos vorbei. Zudem hatte die Stadt Görlitz mit den Folgen von drei verheerenden Stadtbränden (1691, 1717, 1726) zu kämpfen.

Langenstraße 43 (um 1720)

Neißstraße 30 (1726-29)

Untermarkt 16 (1706-14)

18. / 19. Jahrhundert

Barock, Aufklärung, Oberlausitzsche Gesellschaft der Wissenschaften, K.G. Anton

Kartusche Portal Neißstraße 30

Die der Stadt verbliebenen Einnahmen, insbesondere auch aus Durchgangszöllen für Waren des sächsisch-polnischen Handels, ermöglichten den Bürgern den jeweiligen Wiederaufbau der Stadt. Aus dieser Zeit stammen die meisten der heute noch erhaltenen barocken Bauten. Viele dieser Gebäude verraten einen direkten Dresdner Einfluss, nach 1717 speziell auch durch den Dresdner Baumeister Daniel Pöppelmann. Die repräsentativsten Bauten, die in dieser Zeit entstanden, sind das Barockhaus Neißstr.30 (1726-29), die Börse am Untermarkt (1706-14), das Haus Langenstr. 43 (um 1720) und das Wohnhaus Handwerk 22 (1717).

Im 18.Jahrhundert sind in Görlitz auch die ersten Vorboten der Aufklärung zu beobachten. 1727 kam die Stadt Görlitz testamentarisch in den Besitz der wissenschaftlichen Sammlung des Schweidnitzer Juristen Johann Gottlieb Milich, zu der auch ein umfangreicher Bestand an Büchern und Kupferstichen gehörte. Diese Sammlung wurde damals mit dem verbliebenen Bestand der ehemaligen Klosterbibliothek vereint und kann heute, nachdem sie nacheinander erst im Rathaus, dann in der Börse am Untermarkt untergebracht war,

Giebelfigur über dem Portal des Barockhauses Neißstraße 30

Karl Gottlob Anton (1751-1818)
Als Sohn einer Kaufmannsfamilie wurde Karl Gottlob Anton am 23. Juli 1751 in Lauban geboren. Nach seinem Universitätsbesuch in Leipzig erhielt er 1773 die Magisterwürde und verteidigte 1774 seine Dissertation. Nach einer 22-jährigen Tätigkeit als Amtsadvokat kam Anton 1797 als Senator nach Görlitz. Er hatte inzwischen 1782 das Rittergut Oberneundorf erworben.
In den Jahren zuvor hatte er sich in der Oberlausitz als Historiker, Sprachforscher und Verfasser zahlreicher Schriften bereits einen Namen gemacht. Seine Position als Amtsadvokat und Rechtsvertreter ließ ihn zudem zu einer der führenden Persönlichkeiten der Oberlausitz aufsteigen. Seine Werke weisen ihn heute als hervorragenden Kenner der sorbischen Sprache und Kultur aus. Er leistete zur Zeit der Aufklärung mit seinen Forschungsergebnissen und seinen organisatorischen Fähigkeiten einen wesentlichen Beitrag zur Entwicklung der Sorabistik in dieser Region. 1779 schlug er vor, die Oberlausitzische Gesellschaft der Wissenschaften zu gründen und kaufte zu diesem Zweck das Gebäude Obermarkt 29. Als die Räume für die Gesellschaft zu eng wurden, war er es, der das deutlich größere Haus Neißstr. 30 erwarb und damit der Gesellschaft ein dauerhaftes Zuhause gab. K. G. Anton verstarb 1818 im Alter von 67 Jahren und wurde auf dem Görlitzer Nikolaifriedhof beigesetzt.

Napoleon Bonaparte, Wiener Kongress, Görlitz wird schlesisch (preußisch)

im Barockhaus Neißstr.30 bewundert und natürlich auch genutzt werden. Auf Anregung des Görlitzer Amtsadvokaten Karl Gottlieb Anton (1744) entsteht 1779 die noch heute aktive Oberlausitzsche Gesellschaft der Wissenschaften und wird in der Folgezeit zu einem Mittelpunkt der Aufklärung in der Oberlausitz. Der sich abzeichnende wirtschaftliche und kulturelle Aufschwung wurde durch die kriegerischen Auseinandersetzungen des beginnenden 19. Jahrhunderts bereits wieder unterbrochen. Nach der verlorenen Schlacht gegen Napoleon bei Jena und Auerstedt (1806) - Sachsen kämpfte an der Seite von Preußen - musste Sachsen dem Rheinbund beitreten. Wegen dieser Abhängigkeiten wurde Sachsen, und damit auch die Oberlausitz, bereits 3 Jahre später in einen Krieg mit Österreich verwickelt. Nach dem verlorenen Russlandfeldzug Napoleons kam es in der Nähe von Bautzen zu einem Aufeinandertreffen der verbündeten preußisch-russischen und der napoleonischen Armee.

Obwohl selbst nicht umkämpft, litt auch Görlitz unter dieser Situation. Innerhalb eines einzigen Jahres musste Görlitz 30 Truppendurchmärsche der einen oder der anderen kämpfenden Seite ertragen. Da Sachsen während der Völkerschlacht bei Leipzig im Oktober 1813 auf der Seite Frankreichs kämpfte, zählte es zu den Verlierern der Auseinandersetzung und musste bei der territorialen Neuordnung Europas im Ergebnis der Verhandlungen des Wiener Kongresses erhebliche Verluste in Kauf nehmen. Die östli-

1787 wurden in der Stadt Görlitz 200 Öllampen zur Beleuchtung der Straßen montiert, 1794 auch in den Vorstädten Straßenbeleuchtung eingerichtet.

Napoleons Aufenthalte in Görlitz:
29. Mai 1812, Durchreise auf dem Weg nach Glogau; 13. Dezember 1812, Durchreise in Richtung Paris; 23.-25. Mai 1813, der Kaiser logiert im Haus Obermarkt 29; 8./9. Juni 1813, der Magistrat der Stadt macht dem Kaiser in seinem Quartier Obermarkt 29 seine Aufwartung; 18.-20. August 1813, Napoleon inspiziert die Region südlich von Görlitz; 22.-24. August 1813, Quartier: Obermarkt 29

Bunzlau und traf am 8. Juni, am dritten Pfingsttage, gegen 11 Uhr vormittags in einem Wagen, in dem noch Berthier saß, in Görlitz ein. Zu seinem Empfang wurden die Kanonen gelöst und mit allen Glocken geläutet. Das Neißtor war grün dekoriert und ein von Blumen gefertigtes N, von einem Lorbeerkranze umschlungen, dort angebracht. Am Balkon seines Absteigequartiers (wiederum Obermarkt 29) las man die Inschrift: Vivat, vivat! semper vivat Napoleon. Als der Kaiser bei dem Hause, dessen Eingang mit Girlanden behangen war, ankam, streuten eine Anzahl weißgekleideter Mädchen Blumen und überreichten ihm auf Seidendruck folgende Zeilen: Napoleonti Victori Pollenti Potenti Invicto S. Civitas Gorlicensis a. d. VIII Juni MDCCCXIII.

Der Kaiser empfing alle, welche ihm die Aufwartung machten, sehr gnädig; dem Magistrate soll er seinen Dank für die Aufnahme gesagt und dabei sich geäußert haben, er wolle Europa einen dauerhaften Frieden verschaffen. Nach seinem Eintritt erschien er einen Augenblick auf dem Balkon mit dem Perspektiv in der Hand. Darauf arbeitete er mit seinen Vertrautesten und schlief dann von 9 Uhr abends bis früh 7 Uhr, also 10 Stunden, „ein [...] Fall, wie seine Dienerschaft versicherte". Abends [...] erleuchtet, am besten sah der Obelisk mit dem N an d[...]

nach Osten in Bewegung gesetzt. Voller Unmut lief er in seinem Zimmer auf und ab und ließ sich alle Augenblicke auf dem Balkon sehen. Dabei griff er mit Gewalt an eine eiserne Stange, als wolle er sie umreißen, und rief der abziehenden Garde oft und unwillig zu: Vite! Vite! Tout vite! Um 4 Uhr setzte er sich mit dem König von Neapel in seinen Wagen, der hinten mit der silbernen Kaiserkrone geziert war, und fuhr nach Lauban, wo er, wie scheint, besserer

2 Auszüge aus: "Görlitz in der Franzosenzeit 1806-1815" von Prof. R. Jecht, 1934

erstes Bahnhofsgebäude
und Bahnhofsvorplatz
um 1900

che Oberlausitz wurde preußisch und von dem preußischen König dem Regierungsbezirk Liegnitz (Schlesien) zugeordnet. Damit begann 1815 die preußische und zugleich schlesische Geschichte der Stadt Görlitz.

Görlitz wird preußisch

Das 19. Jahrhundert in Görlitz war geprägt von dem wachsenden Einfluss und der zunehmenden Kontrolle des Staates und natürlich von der Industrialisierung, welche sich deutschlandweit durchzusetzen begann. Mit der Zugehörigkeit zu Preußen ergaben sich für die Bürger der Stadt eine ganze Reihe von Veränderungen. 1816 kam es zur Einführung der preußischen Regierungs- und Gerichtsverfassung. 2 Jahre später wurden die preußischen Maße und Gewichte und auch die preußische Währung übernommen. 1820 wurde die bis dahin übergangsweise arbeitende Stadtverwaltung von der staatlichen Justizverwaltung getrennt. Die Verwaltung der Polizei, inkl. der Baupolizei, lag in Zukunft in den Händen des preußischen Staates. Das bedeutet, städtische Bauvorhaben wurden von Berlin aus beeinflusst und kontrolliert. Die weitestgehende Unabhängigkeit des Rates, seine Entscheidungen für Görlitz betreffend, wurde zwar bereits in sächsischer Zeit (17./18.Jh.) eingeschränkt, ermöglichte zu dieser Zeit aber noch freie Entscheidungen. Der Wechsel zu Preußen mit seinen absolutistischen Traditionen brachte der Stadt vielerlei Abhängigkeiten vom Staat, die sie so in der Vergangenheit noch nicht erlebt hatte. Andererseits begannen sich in den Jahren nach der Wende zum 19.Jahrhundert kapitalistische Strukturen zu entwickeln, die der Stadt zu einem noch nie da gewesenen Aufschwung verhalfen.

Wirtschaftlicher Aufschwung

Während die Einwohnerzahl der Stadt sich bereits in der ersten Hälfte des 19. Jh. sprunghaft nach oben entwickelte, platzte Görlitz ab der Jahrhundertmitte auch flächenmäßig aus allen Nähten. Bis zu dieser Zeit bestand Görlitz im Wesentlichen, von den bereits älteren Vorstadtgebieten einmal abgesehen, innerhalb der mittelalterlichen Stadtmauern. Die Erweiterung der Fläche der Stadt begann mit Abbrüchen innerhalb der Altstadt (Hauptwache, Salzhaus) und dem Rückbau der Stadtbefestigung. Erst in einem zweiten Schritt erfolgte dann die planmäßige Entwicklung der Stadt in Richtung Süden, wo sich, der Planung folgend, nach und nach ein neues Wohn- und Geschäftszentrum entwickelte. Die Altstadt war nicht mehr länger Zentrum der Stadt. Bis zur Wende zum 20.Jh. verlagerte sich die Mitte der Stadt in den Bereich zwischen Frauenkirche und neu angelegtem Bahnhof. Architektonisch war diese Epoche der Stadtentwicklung anfangs von einer Reihe klassizistischer Bauten, später von den Baustilen Neogotik und Neorenaissance geprägt. In den ersten Jahren des 20.Jh. wurden dann viele Bauvorhaben vom Jugendstil beeinflusst.

Wichtiger Motor für diese rasante Entwicklung war die Vielzahl der Gewerbegründungen, die mit dem Wirksamwerden der preußischen Gewerbeordnung (1845) und der damit verbundenen Gewerbefreiheit möglich wurden. Das sich neu entwickelnde Gewerbe war von da an frei von jeglichen Zunftbindungen. Einige dieser Neugründungen entwickelten sich in den Folgejahren zu kapitalistischen Großbetrieben, die bis in die heutige Zeit zu verfolgen sind.

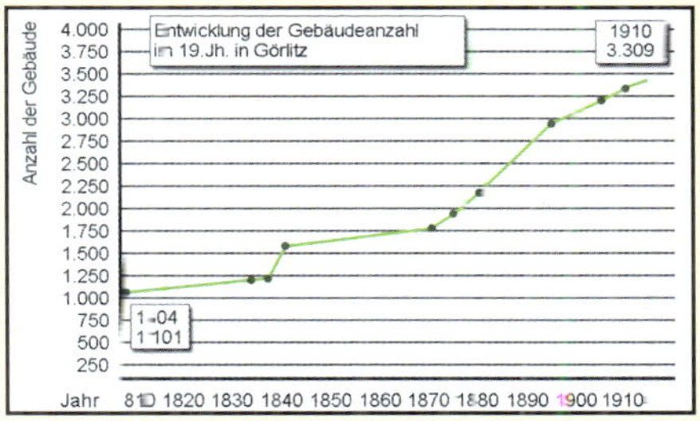

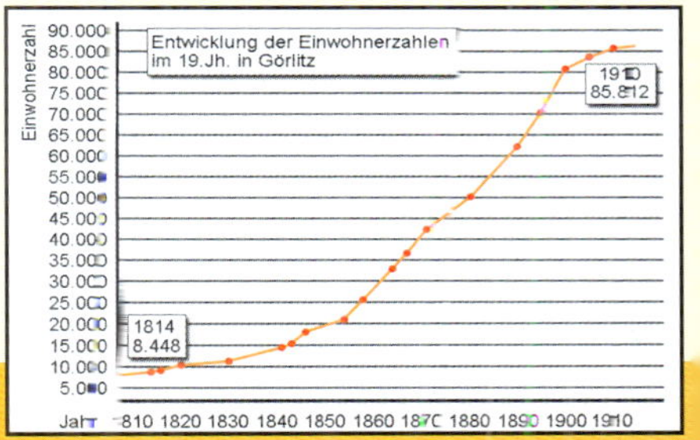

1816	Einführung der preußischen Regierungs- und Gerichtsverfassung
1818	Einführung der preußischen Maße und Gewichte und der preußischen Währung
1830	Gründung des Görlitzer Gewerbevereins
1833	Einführung der preußischen Städteordnung
1837	erste Dampfmaschine wird in der Tuchfabrik der Gebrüder Bergmann (Nikolaigraben/Ecke Rothenburger Str.) in Betrieb genommen
1845	Wirksamwerden einer allgemeinen Gewerbeordnung und damit Einführung der Gewerbefreiheit und Auflösung aller Zunftbindungen
1847	Anschluss von Görlitz an die sächsischen und preußischen Eisenbahnen, Inbetriebnahme des ersten Görlitzer Bahnhofes
1847	preußisches Toleranzedikt – Gründung einer jüdischen Gemeinde in Görlitz
1849	Christoph Lüders beginnt mit dem Bau von Eisenbahnwagen
1852	Magistrat der Stadt Görlitz beschließt den Bau einer Gasanstalt (2 Jahre später Inbetriebnahme des ersten Gaswerkes an der Lunitz)
1869	Umwandlung der Waggonbaufabrik von Christoph Lüders in eine Aktiengesellschaft
1869	Gründung der Görlitzer Aktien Brauerei (seit 1882 mit dem geschützten Namen „Landskron Bier“)
1870/71	Deutsch-Französischer Krieg und 1871 Reichsgründung in Deutschland. In den folgenden Jahre Reparationszahlungen Frankreichs an Deutschland in Höhe von 5 Mrd. Goldfranc
1882	Inbetriebnahme der ersten 2,3 km langen Strecke der Pferdeeisenbahn (Nikolaigraben-Bahnhof)
1885	1.Görlitzer Gewerbe- und Industrieausstellung
1896	Errichtung des Elektrizitätswerkes an der Prager Straße (Zgorzelec)
1897	Elektrifizierung der Straßenbahn
1901	Gründung des Görlitzer Kunstgewerbevereins
1905	Niederschlesische Gewerbe- und Industrieausstellung an der Ruhmeshalle
ab 1910	Bau eines innerstädtischen Kanalnetzes (Trennsystem) - bis 1925 ist bereits ca. die Hälfte des heutigen Netzes fertig gestellt
1913-1919	Errichtung einer Kläranlage mit mehrstufiger mechanischer Reinigung

Schlesische Traditionen

Schlesische Schatztruhe, Brüderstraße 13

www.schlesien-heute.de

Schlesische Schatztruhe
Brüderstr. 13
02826 Görlitz
Telefon:
(03581)
40 20 21
o. 41 09 56
Fax:
(03581)
40 22 31

www.schlesien-heute.de
info@senfkornverlag.de

Seit der Zeitenwende von 1989 erlebt die alte europäische Brückenlandschaft Schlesien an Oder und Neiße eine atemberaubende Wiedergeburt. Einst vergessene Städte wie Görlitz, Bunzlau / Boleslawiec, Liegnitz/Legnica, Breslau/Wroclaw und Oppeln/Opole erblühen erneut zu prosperierenden städtebaulichen Perlen entlang der „via regia". Jene zentrale wirtschaftliche Lebensader, die einst vom spanischen Santiago de Compostella bis in die ukrainische Hauptstadt Kiew führte, erlebt heute im ostmitteleuropäischen Raum zwischen Görlitz, Krakau und Lemberg eine faszinierende Renaissance.
Neben dem Schlesischen Museum zu Görlitz spiegelt vor allem die Tätigkeit des Senfkorn Verlages in der Brüderstraße 13, im Zentrum der Görlitzer Altstadt zwischen Obermarkt und Untermarkt gelegen, die wachsende Belebung schlesischer Tradition in der Region wider. Hier haben zahlreiche schlesische Vereine wie der Schlesische Tippelmarkt e.V., der Verein zur Pflege schlesischer Kunst und Kultur (VSK), der Schlesische Heimatverein Görlitz e.V. und weitere schlesische Organisationen ihren Sitz.

Schlesische Schatztruhe

In dem Ladengeschäft „Schlesische Schatztruhe" werden nicht nur in einem besonders reichhaltigen Sortiment die traditionsreiche Bunzlauer Keramik angeboten, sondern auch landeskundliche, kulturhistorische und touristische Publikationen, Bücher und Landkarten – unverzichtbare Bestandteile im Reisegepäck des heutigen Schlesien-Reisenden.
Hier in Görlitz erscheint das farbige Magazin „Schlesien heute", in dem der Reiz und die vielfältigen grenzübergreifenden Entwicklungen des heutigen Schlesien in fundierten Beiträgen und aussagestarken Bildern illustriert werden. Die ebenfalls von hier herausgegebene Zeitung „Oberschlesien" informiert aktuell über die interessante Region zwischen Oppeln/Opole und Kattowitz/Katowice, wo heute noch viele Deutsche leben.
Darüber hinaus bietet der Senfkorn Verlag vielfältige touristische Dienstleistungen an. Sie reichen über Stadtführungen bis hin zur Organisation von Kleingruppenfahrten, großen Busreisen oder auch Veranstaltungen. Wer sich über die Entwicklung im heutigen Schlesien informieren möchte, wird in der Brüderstraße 13, nahe beim Rathaus und Schlesischen Museum, auf eine Fülle von Informationen und wegweisenden Initiativen stoßen.

Kurzrundgang als Schnupperkurs

Die 25 wichtigsten Objekte der Görlitzer Altstadt

Überblick über die Architektur der Altstadt, zusammengestellt als 2 Stunden-Rundgang vom Kaisertrutz zur Peterskirche

Altstadtplan Kurzrundgang

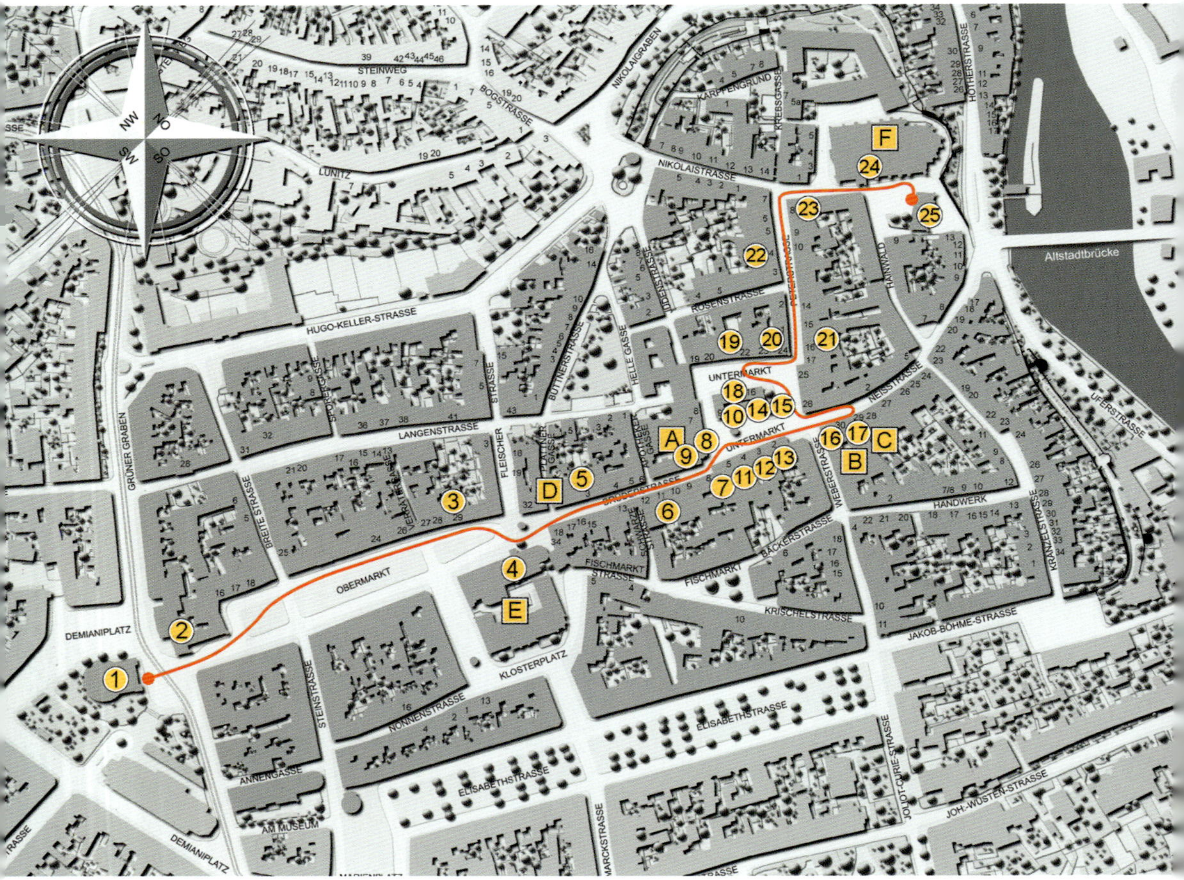

1 Kaisertrutz
2 Reichenbacher Turm
3 Obermarkt 29
4 Dreifaltigkeitskirche
5 Brüderstr. 3
6 Brüderstr. 11
7 Schönhof
8 Rathaustreppe
9 Archivflügel
10 Neptunbrunnen
11 Untermarkt 5
12 Untermarkt 4
13 Untermarkt 3
14 Zeile
15 Untermarkt 14
16 Neißstr. 30
17 Neißstr. 29
18 Untermarkt 16
19 Untermarkt 22
20 Untermarkt 24
21 Peterstr. 16
22 Peterstr. 4
23 Peterstr. 8
24 Peterskirche
25 Waidhaus

Orientierungshilfen

A Rathaus / Rathaustreppe
B Kunsthistorisches Museum Görlitz, Neißstraße 30
C Biblisches Haus
D Information
E Dreifaltigkeitskirche
F Peterskirche

> S.33

Kaisertrutz
Der Kaisertrutz wurde als letzter Teil der Stadtbefestigung ab 1490, damals unter der Bezeichnung Rondell, errichtet und sicherte seitdem zusätzlich das westlichste Tor der Stadt. Seinen Namen erhielt er erst 1641 im Dreißigjährigen Krieg, als die Schweden an dieser Stelle den Kaiserlichen Truppen trotzten. Im 19. Jahrhundert wurde er umgebaut und dient seit 1932 als Ausstellungsgebäude.

> S.33

Reichenbacher Turm
Dieser Turm wurde 1376 erstmalig erwähnt. Aus dieser Zeit stammt der quaderförmige Unterbau und der untere Wehrgang. Seinen zylindrischen Aufbau sowie den oberen Wehrgang erhielt der Turm erst 1485. Der ursprünglich gotische Turmhelm wurde 1782 durch eine barocke Haube ersetzt.

> S.109

Obermarkt 29
Dieses Haus gilt als das bedeutendste Barockhaus am Obermarkt. Es ist auf das Jahr 1718 datiert. Sehenswert ist das Innere des Hauses mit seiner spitzbogigen Erdgeschosshalle und den ionischen Säulen im Treppenhaus. Auch die Stuckdekorationen im Inneren des Hauses sind inschriftlich durch die Jahreszahlen 1719 und 1722 genau datierbar.

> S.35

Dreifaltigkeitskirche
Bei dieser Kirche handelt es sich um eine ehemalige Klosterkirche der Franziskaner, welche 1234 gegründet wurde. Das Langhaus entstand aus der Vereinigung der ursprünglichen Saalkirche, dem südlichen Kreuzgang und der dazugehörigen Barbarakapelle im 15. Jh.. Besondere Erwähnung im Inneren der Kirche verdienen u.a. das Mönchgestühl von 1484, die sandsteinerne Grablegungsgruppe von 1492 des Bildhauers Hans von Olmütz, die Skulptur "Christus in der Rast" aus dem Jahr 1500, der Wandelaltar von 1516, die reich geschnitzte und farbig gefasste Kanzel von 1670, der prächtige Hochbarockaltar von C.G. von Rodewitz aus dem Jahr 1713, zwei originale Säulen des Ursprungsbaus von etwa 1240 und die Wand-, Gewölbe- und Glasmalerei von 1912 unter Einbeziehung der Ausmalung von etwa 1430 im Kreuzgang.

> S.110

Brüderstraße 3
Diese Gebäude gehört in die Reihe der Anfang des 18.Jh. entstandenen Beispiele Görlitzer Barockarchitektur. Im Wesentlichen original erhalten sind das Portal und die Fassade im 1. und 2. Obergeschoss. Umfangreiche Veränderungen erfuhr das Gebäude durch die Aufstockung des dritten Geschosses Mitte des 19.Jh. und die nachfolgenden Ladeneinbauten.

> S.84

Brüderstraße 11

Bemerkenswert an diesem Renaissancebürgerhaus ist das prächtige Portal aus dem Jahr 1547 mit dem Monogramm und Steinmetzzeichen Wendel Roßkopfs. Das Gebäude besitzt einen mittelalterlichen Kern mit Zentralhalle und hofseitig den bereits oben beschriebenen, für Görlitz typischen Renaissancesaal mit reich gegliederter Fensterfront und bemalter Holzbalkendecke. Das Erdgeschoss wurde 1974 verändert und der Fassade angepasst.

> S.54

Schönhof (Brüderstraße 8)

Der Schönhof ist das älteste, datierte und noch erhaltene deutsche Renaissancebürgerhaus. Es wurde ab 1526 auf der Grundlage eines gotischen Vorgängerbaus errichtet. Das Portal stammt aus dem Jahr 1617. Die beiderseits des Portals befindlichen Fenster wurden in Anpassung an den Originalzustand im Jahr 1909 eingebaut. Die unterschiedlichen Ebenen der im Ostteil friesartigen und sonst gruppierten Fensteranordnung mit ihren Pilastern und Simsen sind typisch für die Architektur des Baumeisters Wendel Roßkopf, nach dessen Entwürfen dieses Gebäude entstand. In der Erdgeschosshalle befindet sich eine Atlassäule, welche als Gewölbeträger dient und auf 1617 datiert wird. Typisch für die Architektur dieser Zeit in Görlitz ist auch der Renaissancesaal mit seinen ionischen Säulen in den Fensternischen.

> S.60

Rathaustreppe

Treppe und Verkündigungskanzel des Rathauses wurden 1537/38 durch W. Roßkopf errichtet. Das Standbild der Justitia auf der mit Reliefs versehenen Säule wurde 1591 als Zeichen der vom Rat ausgeübten hohen Gerichtsbarkeit aufgestellt. Ein Meisterwerk spätgotischer Bildhauerkunst ist das über der Treppe thronende Wappenrelief des Matthias Corvinius von Ungarn aus dem Jahr 1488. Das darunter befindliche spätgotische Tor trägt die Jahreszahl 1508.

> S.62

Archivflügel im Rathaushof

Der Archivflügel des Rathauses gilt neben der wenig später errichteten Rathaustreppe als die reifste Leistung des Görlitzer Renaissancebaumeisters Roßkopf. Der Archivflügel wurde 1534 aufgebaut. Der Gerichtserker ist auf das Jahr 1564 datiert, liegt also zeitlich nach der Wirkungszeit Wendel Roßkopf d.Ä., der 1549 verstarb.

> S.91

Neptunbrunnen

Der Neptunbrunnen wurde von der Stadt im Jahr 1756 aufgestellt. Die Bildhauerarbeit stammt von Johann Georg Mattausch.

> S.40

Untermarkt 5 (Frenzelhof)

Die schlichte Spätbarockfassade dieses Hauses geht auf das Jahr 1790 zurück. Das spätgotische Portal stammt, wie die daneben gelegenen Fenster, aus dem Jahr 1500. Seitlich der Zentralhalle im 1.OG befindet sich ein Spitztonnengewölbe (Hauskapelle), welches ein großes gotisches Vorhangbogenfenster besitzt. Die vollständig erhaltene Wand- und Gewölbemalerei stellt die Anbetung der Könige, hl. Sippe, Christophorus und weitere biblische Themen dar.

> S.64

Untermarkt 4 (Goldener Baum)

Die Fassade dieses Hauses ist auf das Jahr 1538 datiert und wird dem Görlitzer Baumeister W. Roßkopf d.Ä. zugeschrieben. Wie das Nachbarhaus besitzt auch dieses Gebäude eine Erdgeschosshalle der Renaissance und eine spätgotische Zentralhalle mit farbig gefasstem Rippennetz.

> S.91

Untermarkt 3

Die sich über den spätgotischen Arkaden erstreckende Barockfassade ist auf das Jahr 1716 datiert. In der großen Erdgeschosshalle ist eine Renaissancesäule erhalten. Die Zentralhalle selbst wird nach oben von einem spätgotischem Rippennetz in farbiger Fassung abgeschlossen und stammt aus dem Jahr 1535. In den zur Zentralhalle hin geöffneten Wohndielen findet man barocke Stuckdecken.

> S.91

Zeile

Die Häusergruppe im Zentrum des Untermarktes wird bereits seit dem 14. Jahrhundert die „Zeile" genannt. Durch diesen Häuserblock verlief in Ost-West-Richtung ein Durchgang, der in seinen Resten die vielen Umbauten überlebte und noch heute erkennbar ist. Dieser Durchgang diente ursprünglich als Zugang für die Läden der Krämer der südlichen Seite der Zeile, die hier mit Seide und Gewürzen handelten. Auch an der Nordseite der Zeile wurde gehandelt, hier standen u.a. die Brot- und Schuhbänke, die Fisch- und Heringsbuden. Die ersten Erwähnungen eines Markthauses an dieser Stelle stammen bereits aus den Jahren 1301 und 1332.

> S.66

Untermarkt 14 (Waage)

Bei diesem Gebäude handelt es sich um die ehemalige Stadtwaage, eine Arbeit von Jonas Roßkopf, einem Nachfahren des W. Roßkopf d.Ä.. Über dem spätgotischen Erdgeschoss mit zwei versetzten Spitzbogentoren des späten 15. Jh., gestützt von Halbsäulen mit Büstenkonsolen von 1600, ruhen auf Flachbögen drei Obergeschosse mit reich ornamentierten Renaissancefenstergewänden. Im ehemaligen Waageraum befindet sich eine postgotische Rippenwölbung von 1600, in den Obergeschossen mehrere bemalte barocke Holzbalkendecken des Barock.

Barockhaus Neißstr. 30, Biblisches Haus, Untermarkt 16 (Börse), 22 (Flüsterbogen)

Neißstraße 30 (Barockhaus) > S.92

Dieses Gebäude wurde 1727-29 als Wohn- und Handelshaus vom „Stadtmaurer“ Suckert erbaut. Bemerkenswert ist hier das Portal mit seinem Skulpturenschmuck. Im Inneren findet man eine ganze Reihe von barocken Stuckdecken. Seit 1804 befindet sich in diesem Haus der Sitz der 1779 gegründeten Oberlausitzischen Gesellschaft der Wissenschaften zu Görlitz. Zu ihr gehören auch deren Oberlausitzische Bibliothek der Wissenschaften und ihre wissenschaftsgeschichtlichen Sammlungen. In den Obergeschossen sind die Städtischen Kunstsammlungen mit ihren ständigen Ausstellungen zu Kunst und Kunsthandwerk der Renaissance, des Barock, des Klassizismus und Biedermeier, das graphische sowie das physikalische Kabinett zu Hause.

Neißstraße 29 (Biblisches Haus) > S.68

Das Biblische Haus wurde 1570 von Hans Heinze, einem Weimarer Waidhändler, errichtet, nachdem 1526 die gesamte Neißstraße und der südliche Teil des Untermarktes abgebrannt waren. Seinen Namen erhielt das Gebäude Neißstraße 29 wegen seiner die Fassade zierenden Reliefs aus schlesischem Sandstein. Eingeordnet in die strenge Gliederung der Fassade befinden sich in den jeweiligen Brüstungsbereichen des 1. und 2. Obergeschosses Darstellungen des Alten und des Neuen Testamentes. Im Inneren setzt die räumliche Gliederung die Tradition des Görlitzer Hallenhauses fort. Die enge, sich über mehrere Geschosse erstreckende zentrale Halle entstand in ihrer heutigen Form vermutlich erst nach dem Stadtbrand von 1726. Aus der Zeit vor 1570 ist nur die Holzbalkendecke des südlichen Saales im 1. Obergeschoss erhalten. Vom Umbau des Kaufmanns Heinze zeugen heute noch mehrere Sandsteinportale im Inneren.

Untermarkt 16 (Börse) > S.90

Bei diesem Gebäude handelt es sich um ein Beispiel hochbarocker Architektur der Stadt Görlitz aus dem Jahr 1706-14. Besonders erwähnenswert ist das Barockportal mit seiner plastischen Giebelgruppe von C. G. von Rodewitz aus dem Jahr 1714. Die Inschrift in der Portalkartusche stammt aus dem Jahr 1784.

Untermarkt 22 (Flüsterbogen) > S.43

Dieses Gebäude geht auf das 15. Jh. zurück, wurde aber nachfolgend mehrfach umgebaut (um 1500, 1525 und 1726). Eine besondere Attraktion ist das spätgotische Kielbogenportal (Flüsterbogen) mit Kreuzblume und zwei Maskenkonsolen aus dem Jahr 1500. In der Vertiefung des Torbogens überträgt sich der Schall von der einen zur anderen Seite.

Untermarkt 24/Peterstr.1 (Ratsapotheke) > S.62

Dieses Gebäude (1550-52) ist einer der bedeutendsten Renaissancebauten der Stadt. Im Unterschied zu den meisten anderen Görlitzer Renaissancebauten sind hier die Giebelstellungen in Richtung Peterstraße noch erhalten. Die an der Fassade zum Untermarkt sichtbare Sonnenuhr wurde von Zacharias Scultetus 1550 gefertigt. Sie ist gegliedert in das Solarium (die eigentliche Sonnenuhr), die Arachne (ein zur astrologischen Deutung benutztes Instrument) und die "Vier Hexameter" (eine in Versform gehaltene Erläuterung zur Arachne). Die beiden Korbbögen beiderseits des Renaissanceportals stammen vom Umbau 1771. Die Gedenktafel zwischen Erd- und Obergeschoss erinnert an den Görlitzer Arzt Ch. A. Struve.

Peterstraße 16 (St. Jonathan) > S.141

Dieses baugeschichtlich bedeutende Bürgerhaus zeigt schon in der Fassade 3 verschiedene Hausachsen, aus denen sich das Haus heute zusammensetzt. Die linke Seite ist Bestandteil eines mittelalterlichen Steinhauses mit einem dahinter liegenden, ca. 6 m hohen, Tonnengewölbe mit floralen Wandmalereien. Darüber befinden sich 2 gekehlte gotische Kreuzstockfenster. Der Ursprung der mittleren Achse liegt ebenfalls in der Gotik. Hinter der Fassade verbirgt sich eines der wenigen Springrippengewölbe in Görlitz. Die rechte Hausachse zeigt barocke Überformungen. Ausgesprochen sehenswert ist auch die Zentralhalle. Über der Eingangshalle befindet sich eine mittelalterliche Hauskapelle mit einem 2-jochigen Kreuzrippengewölbe, dessen Rippen aus farbigen Formziegeln bestehen. Bei den Sanierungsarbeiten in den Obergeschossen wurden verschiedene barocke Stuck- und bemalte Holzbalkendecken gefunden und wiederhergestellt.

Peterstraße 4 (Scultetushaus) > S.102

Dieses Gebäude ist eines der charakteristischen Görlitzer Bürgerhäuser aus der Zeit des Barock. Die Fassade wird auf das Jahr 1720 datiert. Eine Besonderheit stellt der von vier Gebäudeflügeln umgebene malerische Hof mit seinen offenen Galerien dar. In diesem Haus wohnte seit 1570 der berühmte Görlitzer Humanist, Wissenschaftler und Bürgermeister B. Scultetus (1540-1614).

Peterstraße 8 > S.78

Dieses Bürgerhaus gilt als Vertreter der Görlitzer Frührenaissance. Es ist auf 1528 datiert und wurde ebenfalls durch Wendel Roßkopf d.Ä. errichtet. Eine Besonderheit stellen die gewölbte Haushalle mit ihren Sandsteinrippen und die verschiedenen bemalten Holzbalkendecken des Hauses dar. Die bemalte Decke des Erdgeschosses wird baugeschichtlich Ende des 17.Jh. eingeordnet.

Peterskirche

> S.44

Sie ist eine der größten und raummächtigsten spätgotischen Hallenkirchen Ostdeutschlands. Vom ursprünglichen Bau um 1230/1240 ist der Westriegel mit seiner Lisenengliederung und zwei Achtecktürmen mit Bogen- und Zinnenfries nach Vorbild thüringischer Bauten erhalten. Dazu gehört auch das vortretende Westportal mit seinen Säulengewänden (um 1235) und spätgotischen Ergänzungen.
Die fünfschiffige Hallenkirche ist ein Bauwerk des 15. Jh. Die zuvor 1423 begonnene vierschiffige Krypta unter dem Ostteil der Kirche wurde 1457 geweiht. Die Weihe der fünfschiffigen Hallenkirche selbst erfolgte nach 74-jähriger Bauzeit erst 1497. Nord- und Südportal wurden erst später (1543 / 1553) ergänzt und tragen so bereits die Formen der Renaissance.
Bemerkenswert im Inneren sind vor allem die Sandsteinkanzel von 1693, das Ratsgestühl von 1695, der Altar aus Sandstein und Stuckmarmor von 1695, die Sonnenorgel von Casparini aus dem Jahr 1703.

Waidhaus

> S.29

Das Waidhaus ist eines der ältesten Gebäude der Stadt. Bereits seit der 1. Hälfte des 12. Jahrhunderts wird es in den Stadtbüchern als so genannter „freier Hof“ erwähnt. Nach 1529 diente das Gebäude als Stapelhaus für das Tuchfärbemittel Waid. Zu diesem Zweck wurde das Haus umgebaut und erhöht. Zwischenzeitlich befand sich während des Baus der Peterskirche in dem Gebäude auch deren Bauhütte. Die heute für das Gebäude charakteristischen abgetreppten Giebel wurden 1936 bei Sanierungsarbeiten entsprechend einem alten Holzschnitt aus dem Jahr 1565 errichtet und die Zwerchhäuser auf der gleichen Grundlage und nach den erhobenen Befunden während der Sanierung 1993/94 wiederhergestellt.

Gotisches Görlitz

Mittelalter in der Görlitzer Altstadt

Die Vielfalt gotischer Bauwerke
zur Blütezeit der Stadt im
15. und beginnenden
16. Jahrhundert

Patrimonium Gorlicense
am ersten Wochenende im September

www.goerlitz.de

Görlitz M 1 : 4.000

1 Stadt
4.000 Baudenkmale

Patrimonium Gorlicense, das ist das Görlitzer Erbe.

Musik, Literatur, Tanz, Theater u.v.m. stehen am Tag des offenen Denkmals neben der Architektur im Mittelpunkt des Geschehens.

Eine alte Stadt von innen erleben

Tag des offenen Denkmals

Im Gebiet der Altstadt und in deren unmittelbarer Umgebung sind eine Reihe von gotischen Baudenkmalen, baulichen Details und Kunstwerken erhalten. Dazu zählt auch die in großen Teilen erhaltene Stadtbefestigung. Am besten zu erleben ist deren ursprüngliche Wehrhaftigkeit im Bereich des Nikolaizwingers und entlang der Ochsenbastei. Diese beiden Teile der bis zur Mitte des 19.Jahrhunderts die Stadt doppelreihig umschließenden Stadtmauer sind im Wesentlichen erhalten und können während der Sommermonate besucht werden.
Der Spaziergang durch die Stadtbefestigung beginnt am Nikolaiturm, dessen Toranlage am Zugang zur Nikolaistraße 1848 abgebrochen wurde, und führt durch eine zwischen den beiden Mauern der Befestigung gelegene Grünanlage bis hinauf zur Peterskirche. Die Grünanlage entstand in den Jahren 1953/54 und geht auf den Görlitzer Gartenarchitekten Henry Kraft zurück. Unterhalb des Vogtshofes trifft

Nikolaiturm
Der Nikolaiturm war bereits vor der Stadterweiterung 1250 Bestandteil der Stadtbefestigung. Wie Reichenbacher Turm und Dicker Turm war auch er Teil eines Stadttores, welches 1848 abgebrochen wurde. Seine derzeitige Haube erhielt der Turm erst im Barock, bis dahin trug er ein schlankes, sehr steiles Dach. Heute beherbergt der Turm eine interessante Ausstellung zur Geschichte der Stadt, u.a. eine Sammlung historischer Schlösser und Beschläge, Leuchten, ...

Die Öffnungszeiten der Ausstellung sind an der Eingangstür ausgeschrieben.

Nikolaiturm

Beschläge aus der Ausstellung im Nikolaiturm
Zugang und Innenbereich des Nikolaizwingers

Hotherturm, Wächterhäuschen, Waidhaus

Hotherturm

Wächterhäuschen

man auf den sog. Hotherturm, eine der wenigen erhaltenen Eckbastionen der Stadtmauer.
Der Weg führt dann weiter nach oben bis zur Peterskirche, welche man entlang der Stadtmauer chorseitig umläuft. Von dem kleinen Wächterhäuschen, 1539 auf einem, die an dieser Stelle gewaltige Mauer stützenden, Pfeiler errichtet und mit kleinen Renaissancegiebeln verziert, hat man einen wunderbaren Ausblick in Richtung Süden und Osten.
Verlässt man an dieser Stelle den abgegrenzten Teil der Stadtmauer, blickt man direkt auf das Waidhaus, eines der ältesten Gebäude der Stadt Görlitz.

Waidhaus

Bereits seit der 1. Hälfte des 12.Jh. wurde das Waidhaus in den Stadtbüchern als „freier Hof" erwähnt. Es war eine der Keimzellen der Görlitzer Stadtentwicklung. Das Waidhaus gehörte damals zur Burg des Landesherren, dem Vogtshof. Bis 1426 besaß das Gebäude den alten Ratsrechnungen nach noch einen geräumigen Turm (Eberhards Turm). 1479 brannte das von 1447-1530 als Schule genutzte Waidhaus ab. Zu dieser Zeit wurde auch die heute am Giebel lesbare Inschrift: „Nil actum creades, cum quid restabit agendum 1479" angebracht.
Nach 1529 diente das Gebäude als Stapelhaus für das Tuchfärbemittel Waid. Zu diesem Zweck wurde es umgebaut und erhöht. Zwischenzeitlich befand sich während des Baus der Peterskirche in dem Gebäude auch deren Bauhütte. 1908 kamen bei Baumaßnahmen im Waidhaus 50 Steinmetzzeichen zum Vorschein, die auf das 15.Jh., das Jahrhundert des Baus der Kirche, datiert wurden.
Die heute für das Gebäude charakteristischen abgetreppten Giebel wurden 1936 bei Sanierungsarbeiten entsprechend einem alten Holzschnitt aus dem Jahr 1565 errichtet und die Zwerchhäuser auf der gleichen Grundlage und nach den erhobenen Befunden während der Sanierung 1993/94 wiederhergestellt.
Heute befinden sich im Waidhaus die Werkstätten und Schulungsräume des Görlitzer Fortbildungszentrums für Handwerk und Denkmalpflege e.V..

Waidhaus

Altstadtbrücke, Neißturm, Neißtor, Ochsenbastei

An der Stelle des westlichen Brückenkopfes der Altstadtbrücke, am Aufgang zur Neißstraße, standen bis zur Mitte des 19.Jahrhunderts Neißtor und Neißturm (1836 abgebrochen). Sie markierten den östlichen Zugang zur Stadt. Hier mündete die aus Richtung Breslau kommende via regia. Nikolai- und Neißturm und deren Toranlagen wurden Mitte des 14.Jahrhunderts erstmalig erwähnt. In dem gleichen Zeitraum ist auch von einer Brücke über die Neiße zu lesen, die die vorher genutzte Furt (wenige Meter nördlich) ablöste. Die Brücke war aus Holz und musste im Laufe ihrer Geschichte häufig neu- oder umgebaut werden. 1906/07 ersetzte man die hölzerne durch eine eiserne Brücke, die aber zum Ende des II. Weltkrieges gesprengt wurde. Die heutige moderne Altstadtbrücke entstand erst 2003/04 und ermöglicht nun wieder den direkten Weg von der Altstadt in den östlichen Teil der Stadt (Zgorzelec).

Altstadtbrücke um 1910

Weiter in Richtung Süden gelangt man zur Ochsenbastei, deren Zugang durch einen gedrungenen Rundbau markiert ist, und steigt wieder hinauf in den inneren Bereich der Stadtmauer.

Ochsenbastei

Die Ochsenbastei ist der erhaltene Teil des „Tores an der Kahle“, durch das ein Weg von der Stadt zur Viehweide führte. Das Tor war mit dem verbliebenen Rundbau verbunden und erstreckte sich bis zur Neiße. Es wurde 1834 abgebrochen.

Oben angekommen hat man einen reizvollen Ausblick in Richtung Peterskirche, insbesondere von der Terrasse, die sich oberhalb des noch erhaltenen Restes einer Bastion befindet und über eine kleine Treppe zu erreichen ist. Die barock anmutende Gartenanlage der Ochsenbastei wurde 1963 angelegt.

Ochsenbastei, Dicker Turm (Frauenturm)

Vom Ausgang der Ochsenbastei im Süden der Görlitzer Altstadt ist der Dicke Turm (Frauenturm) zu sehen. Der Weg dahin führt über die Jakob-Böhme-Straße und die Elisabethstraße. Der in diesem Gebiet ursprünglich befindliche Schießzwinger, wie auch der westliche Teil der Stadtbefestigung, wurde 1838-48 abgetragen und an dessen Stelle entstand in den folgenden Jahren die Elisabethstraße und deren begleitende Bebauung.

Detail des oberen Tores der Ochsenbastei und Wetterfahnen der beiden Bastionen

Der Dicke Turm (Frauenturm) wurde im Zusammenhang mit der Stadterweiterung 1250 erbaut und war seit dieser Zeit Bestandteil der Stadtbefestigung. Er gehörte zu den massivsten Türmen der Stadt. Seine Mauerstärke beträgt im unteren Teil 5,38 m. Südlich des Turmes befand sich ursprünglich das Frauentor, eine dreifache Toranlage, welche 1847/48 abgebrochen wurde. Das Frauentor markierte den für den Handelsverkehr wichtigen Zugang zur Stadt aus südlicher Richtung. Das an der Südseite des Turmes sichtbare Sandsteinrelief stammt vom Frauentor, wo es 1477 angebracht wurde. Es zeigt das 1433 von Kaiser Sigismund der Stadt verliehene Stadtwappen, flankiert von 2 Figuren (Maria und Barbara).

Die Wappeninschrift: „INVIA VIRTUTI NULLA EST VIA“ („Der Tapferkeit ist kein Weg unmöglich“) steht im Zusammenhang mit dem Widerstand der Stadt gegen die Hussitenheere.

Zugang Ochsenbastei

Wappenrelief Frauenturm

Dicker Turm (Frauenturm)

Frauenkirche, Annenkapelle, Hans Frenzel

Über das Frauentor erreichten die Görlitzer auch die wenige Meter vor den Toren der Stadt gelegene Frauenkirche. Ihre Erbauung geht auf ein Mitte des 14. Jahrhunderts errichtetes Spital zurück, zu dem sie gehörte. 1449-58 ersetzte der Rat die Kirche durch einen Neubau, der 1473 geweiht wurde. Der massive vorgesetzte Turm war ursprünglich niedriger und bekam bei einem Umbau in den Jahren 1696/97 seine jetzige Höhe und 1735 seine barocke Haube. Die Verkündigungsgruppe über dem Westportal, die hohen Maßwerkfenster, das Netzrippengewölbe mit seinen verzierten Schlusssteinen (Sieben Freuden Mariae, vier Evangelistensymbole, vier weibliche Heilige) und die Orgelempore aus sandsteinernem Maßwerk gehören zu den wichtigen Zeugen gotischer Steinmetzkunst im Görlitz des 15. Jahrhunderts.

Frauenkirche
Epitaph, Haupteingang

Ein weiterer Zeuge gotischer Baukunst, die Annenkapelle, befindet sich unmittelbar neben dem Dicken Turm (Frauenturm). Sie entstand 1508-12, im Gegensatz zu den anderen Kirchen der Stadt, als Privatkirche des reichen Görlitzer Bürgers Hans Frenzel (1463-1526). Enttäuscht über seine bis dahin kinderlose Ehe gelobte er, die Kapelle zu errichten, würde seine Frau ihm ein Kind gebären. Das Kind kam, die Kapelle auch. Die Außenwände werden durch einen spätgotischen Statuenzyklus geschmückt. Dazu gehören Anna Selbdritt, Maria mit dem Kinde, der heilige Johannes, Vater Joseph, Johannes der Täufer, ein segnender Christus und Laurentius.
Der Haupteingang lag auf der Nordseite. Sein Kielbogenportal trägt die Darstellung der Verkündigung des Engels Gabriel an Maria. Nach der Reformation bekam die Kapelle verschiedene Nutzungen, bis sie schließlich 1903 der inzwischen vollendeten benachbarten Mädchen-Mittelschule als Turnhalle und Aula diente. Dazu musste die Kapelle einige Umbauten über sich ergehen lassen. Ursprünglich besaß die Kirche eine mit Maßwerkbrüstungen versehene Empore und 3 Altäre.

Annenkapelle

Trotz mehrerer Umbauten sind die Maßwerkfenster zwischen den innen liegenden Wandpfeilern und das Netzrippengewölbe erhalten.

Annenkapelle
ehemaliger Zugang Annengasse
Statuen am Chor
Wappen H. Frenzel

Reichenbacher Turm, Kaisertrutz (Rondell)

Reichenbacher Turm aus Richtung Obermarkt

An der Annenkapelle vorbei führt der Weg entlang der Annengasse in Richtung Kaisertrutz und Reichenbacher Turm, den beiden westlichsten Teilen der mittelalterlichen Görlitzer Stadtbefestigung. Der Reichenbacher ist der höchste der Görlitzer Türme. Seine erste Erwähnung fällt in das Jahr 1376. Zu dieser Zeit bestand der Turm aber nur aus dem rechteckigen Teil und dem direkt darüber angeordneten Wehrgang. Erst 1485 erhielt er seinen zylindrischen Aufbau und trug bis 1782, als er seine barocke Haube bekam, ein steiles gotisches Dach.
Nicht nur wegen der heute im Turm beheimateten Ausstellung des Kulturhistorischen Museums der Stadt, auch wegen der fantastischen Aussicht über die Stadt lohnt sich seine Besteigung. Die Eintrittskarten für den Reichenbacher Turm bekommen Sie übrigens im gegenüberliegenden Kaisertrutz.

Kaisertrutz
1490 begann die Stadt mit der Errichtung dieses Rondells vor dem Reichenbacher bzw. Budissiner Tor, dessen Bestandteil der mit ihm durch hohe Mauern verbundene Reichenbacher Turm war. Alle Görlitzer Bürger und die Bewohner der zur Stadt gehörenden Dörfer mussten sich am Bau beteiligen. Seinen heutigen Namen erhielt diese Befestigungsanlage erst 1641, als die Schweden an dieser Stelle den kaiserlichen und kursächsischen Truppen trotzten. Für das Jahr 1587 ist die Nutzung dieser Bastei zur Lagerung eines Teiles des Ratsarchivs vermerkt. Häufig wurden an dem Gebäude bauliche Änderungen vorgenommen. Erst 1848 wurde der bis dahin den Kaisertrutz umgebende Graben verfüllt, 1850 das ursprüngliche Erdgeschoss zugeschüttet und ein zusätzliches Geschoss über dem vormals hölzernen Wehrgang errichtet. Zu dieser Zeit erhielt der Kaisertrutz auch seinen heute sichtbaren Vorbau mit den beiden Ecktürmen. Die Renaissancehaube des Turmes wurde zu dieser Zeit durch ein neogotisches Geschoss ersetzt, dessen Zinnen 1936 wieder abgebrochen wurden. Seit 1932 dient der Kaisertrutz als Ausstellungsgebäude und beherbergt heute die Abteilungen Archäologie und Stadtgeschichte des Kulturhistorischen Museums.

Kaisertrutz

Kulturhistorisches Museum Görlitz

Kulturgeschichte
von der Altsteinzeit bis in die Neuzeit

1932 wurde der Kaisertrutz als Teil des heutigen Kulturhistorischen Museums eröffnet. Seine Dauerausstellung bietet den BesucherInnen eine umfassende Einsicht in die Sozial-, Wirtschafts- und Kulturgeschichte der Stadt.
Archäologische Funde aus dem Stadtgebiet und dem Umland führen zurück bis in die frühe Besiedlungsgeschichte der Region vor über 10.000 Jahren.
Die Topographie und das Aussehen der mittelalterlichen Stadt veranschaulicht ein Stadtmodell. Die weitere Entwicklung und Expansion lässt sich u.a anhand von Stadtansichten des 16. bis 19. Jahrhunderts nachvollziehen.
Das Görlitzer Handwerk ist mit einer Vielzahl von Zunftaltertümern vertreten. Besondere Aufmerksamkeit gebührt dem Tuchmacherhandwerk und dem Tuchhandel. Kostbare Altäre, Skulpturen, Tafelbilder und Textilien des 14.-16. Jahrhunderts ermöglichen eine Vorstellung von Kunst und Kunsthandwerk der spätmittelalterlichen Blütezeit in Görlitz und berichten vom religiösen Leben. Bildnisse, Sargschilder, Erinnerungsstücke und Alltagsgerät zeugen von der bürgerlichen Stadtkultur vom Barock bis zum Biedermeier.
Die Gemäldegalerie im obersten Geschoss ist der wertvollen Sammlung von hauptsächlich regionalen Kunstwerken mit zeitlichem Schwerpunkt im 19. und 20. Jahrhundert vorbehalten. Im Erdgeschoss finden im Sommerhalbjahr große Wechselausstellungen zu Themen der Archäologie, Geschichte und Kunst statt.

Öffnungszeiten:
Mai bis Oktober
Dienstag bis Sonntag: 10-17 Uhr
Freitag bis 20 Uhr

Eintrittskarten für den Kaisertrutz erhalten Sie im Objekt selbst. Im Kassenbereich werden zusätzlich ausgewählte Drucksachen zur Geschichte der Stadt und ihrer Region, wissenschaftliche Arbeiten des Museums und Ausstellungskataloge angeboten.

Sollten Sie die Absicht haben, den Reichenbacher Turm zu besteigen, melden Sie sich bitte beim Personal im Eingangsbereich des Kaisertrutzes.

Kaiser Sigismund,
um 1470

Ausschnitt Flügelaltar,
um 1430-1450

Stadtansicht aus Richtung Norden

Fotografien: Kulturhistorisches Museum

Obermarkt, Salzhaus, Dreifaltigkeitskirche

Der innere Bereich der historischen Altstadt mit einer ganzen Reihe weiterer gotischer Gebäude und Details erschließt sich am besten entlang des Verlaufes der via regia. Diese quer durch Europa führende mittelalterliche Handelsstraße verlief entlang dem Obermarkt, der Brüderstraße, dem Untermarkt und der Neißstraße direkt durch Görlitz. Der Obermarkt selbst ist eine Platzanlage, welche auf die Stadterweiterung um 1250 zurück geht. Bis dahin befand sich das westliche Stadttor am Zugang zur Brüderstraße. Das 1407 etwa auf der Mitte des Platzes errichtete Salzhaus wurde 1852 abgebrochen. Ursprünglich mit spätgotischen Giebeln ausgestattet, wurde es 1767 barock umgebaut. Die Mehrzahl der heute den Obermarkt umgebenden Gebäude wurde im 19.Jahrhundert errichtet. Aus älterer Zeit sind die beiden barocken Gebäude Obermarkt 24 und 29, einige Gebäude mit Details aus der Zeit der Renaissance und natürlich die gotische Dreifaltigkeitskirche erhalten.

Die älteste erhaltene bauliche Anlage am Obermarkt ist die heutige Dreifaltigkeitskirche. 1234 begannen Mönche des Franziskanerordens mit dem Bau einer einfachen Saalkirche mit spätromanischem Chor und einem Langhaus mit einer Holzbalkendecke. Der Bau wurde 1245 fertig gestellt und am 21.8.1245 durch den Bischof Conrad von Meißen geweiht. Bereits um 1250, im Zusammenhang mit der Erweiterung der Stadt in Richtung Westen, wurde das Kloster, ursprünglich unmittelbar außerhalb der Stadtmauern errichtet, Bestandteil des Stadtgrundrisses. In der Zeit von 1371-1380 wurde der romanische Chor abgebrochen und durch den bis heute erhaltenen größeren spätgotischen Chor ersetzt. Im Verbindung mit diesen Baumaßnahmen wurde auch mit dem Bau des Turmes begonnen (quadratischer Grundriss). Erst in der 2. Hälfte des 15. Jahrhunderts überwölbte man das Langhaus und ersetzte damit die bis dahin bestehende Holzbalkendecke. Auch der Bau der Barbarakapelle südlich des Kreuzganges wird auf diesen Zeitraum datiert. 1508 wurde der Westgiebel der Kirche erhöht und damit die heutige Dachform der Kirche festgelegt. Mit dem Einzug der Reformation in Görlitz (1525) begann die Zahl der Mönche zu sinken. Mit der Maßgabe, das Klostergebäude zukünftig als Schule zu nutzen, wurde die Anlage 1563 von dem letzten verbliebenen Mönch der Stadt übergeben.
1607 wurde der Kirchturm erhöht und erhielt damit seine heutige Gestalt. Seine barocke Haube bekam er erst während der Restaurierungsarbeiten 1713-15.

Chor und Langhaus, Mönchsgestühl, Barockaltar

Dreifaltigkeitskirche (ehem. Franziskanerkloster)

Bemerkenswert ist das originale spätgotische Inventar der Kirche. Dazu gehören das Chorgestühl mit der Franziskanerchronik (1484) und die drei in der Barbarakapelle befindlichen Arbeiten „Christus in der Rast "(um 1500), der Schnitzaltar „Goldene Maria" (inschriftlich 1488) und die Grablegungsgruppe (1492). Letztere ist eine Arbeit Hans Olmützers, welche er im Auftrag Georg Emmerichs, dem Stifter des Heiligen Grabes, ausführte. Die Deckenmalereien der Katharinenkapelle (Kreuzgang) stammen ebenfalls aus der 1. Hälfte des 15. Jahrhunderts. Die Kanzel an der Nordwand des Hauptschiffes wurde 1670 dort aufgestellt. Der Chorraum wird seit 1713 von einem barocken Altar geprägt. Dieser Hochaltar ist das erste Görlitzer Werk von Caspar Gottlob von Rodewitz, einem Schüler des Dresdner Künstlers Balthasar Permoser.

Franziskaner

Die Franziskaner sind eine durch den heiligen Franz von Assisi (1181/82-1226) ins Leben gerufene Brüderschaft, welche 1209/10 durch Papst Innozenz III. anerkannt wurde und 1223 ihre endgültigen Regeln erhielt (Orden der minderen Brüder - Ordo Fratrum Minorum). 1221 kamen die ersten Franziskaner nach Deutschland und verbreiteten sich schnell. Durch interne Reformbestrebungen kam es im 15.Jh. zur Spaltung der Franziskaner. Mit der 1517 in Deutschland eingeleiteten Reformation wurde der Orden bereits wieder erschüttert und verlor in den Folgejahren in den protestantischen Gebieten viele seiner Klöster.

Flügelaltar „Goldene Maria"
(inschriftlich 1488)
Deckenmalerei im Kreuzgang
(1430/40)
„Jesus in der Rast" (um 1500)
Kanzel im Langhaus (1670)

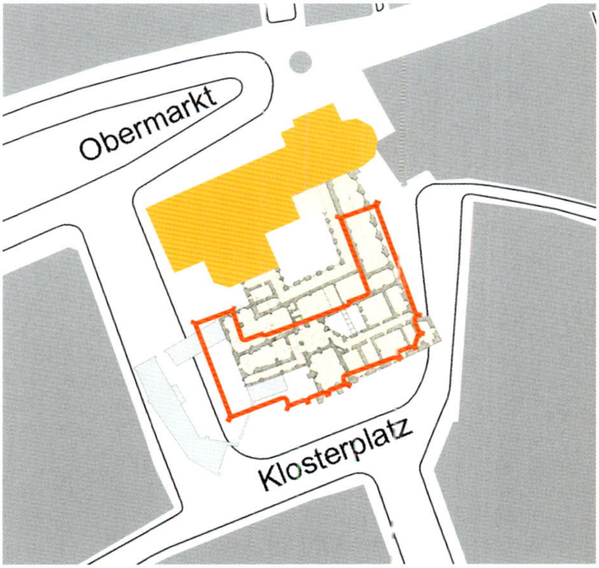

Einordnung der ehemaligen Klostergebäude (1848) in die aktuelle Straßensituation

Dreifaltigkeitskirche
ehem. Klostergebäude
Nebengelass
Gymnasium Augustum heute

Auf dem Weg Richtung Untermarkt findet man auf der Brüderstraße einige weitere gotische Details. Merkmale des gotischen Baustiles trägt z.B. das Portal des Hauses Brüderstaße 16, obwohl es – inschriftlich – auf das Jahr 1566 datiert ist. Dieses Jahr liegt bereits mitten in der Zeit der Renaissance. Der Bau des Schönhofes als erstes Renaissancegebäude der Stadt Görlitz lag immerhin schon 40 Jahre zurück. Trotzdem findet der aufmerksame Betrachter in der Stäbung des Torbogens und dem Astwerk der Sitzsteine typische Formen der Gotik.

Ein weiteres Detail mit gotischen Formen können Sie an dem Gebäude Brüderstr.6 entdecken. Hier legten die Restauratoren bei den Sanierungsarbeiten Reste eines Vorhangbogenfensters frei.

Vorhangbogenfenster Brüderstraße 6

Die Sage vom Klötzelmönch

In Görlitz erzählt man die Geschichte eines Mönches, der die Gelegenheit der abendlichen Beichte eines jungen Mädchens ausnutzte und sich an ihr verging. Die Tat zu vertuschen, tötete er sein Opfer und vergrub es in der Kirche des Klosters unter einer Steinplatte. Genau in dieser Nacht aber hatte sich ein wandernder Handwerksbursche, mangels eines anderen Quartiers, in der Kirche einschließen lassen und beobachtete das Geschehen. Als er am nächsten Tag in der Stadt hörte, dass die Tochter einer Handwerksfamilie vermisst wurde, erinnerte er sich an seinen vermeintlichen Traum und meldete seine Beobachtungen dem Rat. Im Kloster den Mönchen gegenübergestellt, erkannte er das markante Gesicht des Mörders wieder, der seinerseits, überrascht von der schnellen Entdeckung, die Tat zugab. Zur Strafe wurde der Mönch lebendig in den Mauern des Klosters eingemauert. Von dieser Zeit an hört man nachts immer wieder seinen Geist durch die Kirche „klötzeln" (Klötzel nannte man die Holzschuhe der Franziskaner).

Brüderstraße 16
Portal (1566)

Matthias Corvinus, Rathausturm, H. Frenzel

Eng mit der Geschichte der Stadt verbunden ist das gotische Wappenrelief über der Rathaustreppe.
Das große Wappen an der Nordseite des Rathausturmes wurde 1488 angebracht. Es ist das des ungarischen Königs Matthias Corvinus und gilt als eines der Meisterwerke der spätgotischen Bildhauerkunst. Die Bürger der Stadt verdeutlichten damit eindrucksvoll ihre Trennung vom „Ketzerkönig“ Georg Podjebrad und ihre Zugehörigkeit zu Matthias Corvinus. So demonstrierten Sie ihre “Dankbarkeit” für die erneut bestätigte Macht des Rates und dessen weitgehende Unabhängigkeit.

Corvinuswappen, Kielbogenfenster und Schulterbogenportal am Rathausturm

Matthias Corvinus (1443-1490) wurde am 23. Februar 1443 in Klausenburg als Sohn des siebenbürgischen Woiwoden Johann Hunyadi geboren. Bereits 1457 wurde er zum König von Ungarn gekrönt. Die darauf folgende Auseinandersetzung mit Friedrich III., der ebenfalls die ungarische Krone beanspruchte, endete mit einem Vergleich. Corvinus musste einige westungarische Gebiete an die Habsburger abtreten. 1469 rückte er mit dem Segen des Papstes in Böhmen ein, um Georg von Pobiebrad, seit 1461 sein Schwiegervater, zu stürzen. Corvinus gewann damit wohl den Einfluss auf die böhmischen Nebenländer Mähren, Schlesien und die Lausitz. In Böhmen selbst konnte er sich nie richtig behaupten.
Nach einer Vielzahl von Kämpfen erreichte sein Reich 1485, als er Wien eroberte, die größte Ausdehnung. Es reichte von der Lausitz und Schlesien im Norden bis nach Bulgarien im Süden. Mit seinem Tod im Jahr 1490 fielen die errungenen österreichischen Gebiete wieder an die Habsburger, Ungarn und Böhmen zurück an die Jagiellonen.
Corvinus gilt als einer der bedeutenden Renaissanceherrscher. Seine Bibliotheca Corviniana war die größte Sammlung wissenschaftlicher und philosophischer Schriften ihrer Zeit. Matthias Corvinus hatte wesentlichen Anteil an der Verbreitung der Renaissance nördlich der Alpen.

Hans Frenzel (1463-1526) wurde 1463 in Görlitz geboren und erlernte nach dem Besuch der hiesigen Schule in Posen den Beruf eines Kaufmanns. 1493 heiratete er die Tochter des Friedersdorfer Grundherrn, von dem er später Friedersdorf, mehrere Häuser in Görlitz und ein Vermögen an Bargeld und Waren erbte. Zu dieser Zeit war Frenzel aber bereits ein erfolgreicher Kaufmann. Er handelte insbesondere mit Tuchen und Leder, verstand es aber auch, das Braurecht seiner Häuser zu seinem Vorteil zu nutzen. Nach und nach erwarb er weitere Liegenschaften in und um Görlitz. Ihm gehörten unter anderem die Güter Markersdorf, Königshain, Kunnersdorf, Zodel, Liebstein und Schönberg, Lissa, Langenau und Schützenhain östlich der Neiße. 1508-12 baute er in Erfüllung eines Gelöbnisses die Görlitzer Annenkapelle. Von den Görlitzern erhielt er den Beinamen „der Reiche“. (siehe Annenkapelle, Frenzelhof)

Hallenhaus Untermarkt 5 (Frenzelhof)

Das nächste erhaltene Zeugnis gotischer Baukunst finden Sie auf dem Untermarkt. Das Gebäude Untermarkt 5 (Frenzelhof) ist eines der bedeutendsten Hallenhäuser der Görlitzer Altstadt. Es wurde von Hans Frenzel, einem reichen Görlitzer Kaufmann, dem auch der Bau der Annenkapelle zu verdanken ist, errichtet. Heute mischen sich hier Gotik, Renaissance und Barock. Über den beiden Spitzbogenarkaden mit ihren barocken Kreuzgratgewölben entwickelt sich eine schlichte spätbarocke Fassade, welche durch einen flachen Mittelrisalit gegliedert wird. Der Eingangsbereich des Hauses unter den Lauben wird durch ein spätgotisches Portal mit reicher Stäbung und zwei daneben liegenden, ebenfalls gotischen Fenster bestimmt. An der Rückwand der Erdgeschosshalle befindet sich eine spätgotische Maßwerkbrüstung. Im 2. Obergeschoss der Zentralhalle blieb ein gotisches Fenster erhalten.
In der kleinen Nebenhalle, dem ehemaligen Treppenhaus, können zwei Torsi (Maria und Johannes der Täufer) der ehemals 3 Giebelfiguren besichtigt werden (1500). Seitlich der Zentralhalle in Richtung Osten befindet sich ein vollständig ausgemaltes Spitztonnengewölbe mit einem gotischen Vorhangbogenfenster zum Hof, die Hauskapelle der Familie Frenzel. Die Wandmalerei aus den Jahren 1512/13 beschreibt die Anbetung der Könige, die “Heilige Sippe”, Christophorus und weitere Darstellungen von Heiligen. Das Gewölbenetz mit Phantasieblumen in dessen blauen Feldern ist ebenfalls aufgemalt und wird auf das Jahr 1515 datiert. Hofseitig findet sich ein Renaissancesaal mit ornamental reich bemalter Holzbalkendecke.

Fassade Untermarkt 5

Portal

Erdgeschosshalle

hofseitiges Vorhangbogenfenster der Hauskapelle

Schatzkammer (Hauskapelle)
(Fotos Schatzkammer: www.frenzelhof.de)

Haushallen:
Untermarkt 3
Untermarkt 4
Peterstraße 8

Görlitzer Hallenhaus

Hallenhäuser
Unter dem Begriff „Görlitzer Hallenhaus“ fasst man eine große Gruppe Görlitzer Kaufmannshäuser der Gotik und der Renaissance zusammen. Sie alle tragen die gleichen Merkmale der Raumstruktur, auch wenn diese sehr unterschiedlich ausprägt sind und in den der Bauzeit folgenden Epochen häufig verändert wurden. Am besten ist die Struktur eines solchen Hallenhauses in den Gebäuden Untermarkt 2, 3, 4, 5, 23 und 25, sowie in den Häusern Peterstraße 7, 8, 14 und 16 zu erleben. Auch die Bürgerhäuser Neißstraße 29 (Biblisches Haus), Brüderstraße 8 (Schönhof), 9, 10 und 11 und Kränzelstraße 27 sind typische Hallenhäuser. Insgesamt sind mehr als 30 dieser Kaufmannshäuser erhalten.

Zu der sich wiederholenden Raumstruktur gehört die sich in der Regel über die gesamte Hausbreite erstreckende Erdgeschosshalle. Sie ist der Empfangsbereich des Hauses und durch ein Gewölbe nach oben abgeschlossen. Von der erdgeschossigen Halle erreicht man durch einen ebenfalls überwölbten Gang den Hof bzw. die rückwärtigen Gebäudeteile. An dieser Stelle kann man wegen des häufig möglichen Durchblickes am leichtesten ein Gefühl für die große Haustiefe entwickeln. Parallel zum Durchgang ermöglicht eine in der Regel steinerne Treppe den Zugang zur Zentralhalle im 1. Obergeschoss. Sie verbindet alle folgenden Geschosse miteinander und wird unter dem Dach durch ein Kreuzgewölbe begrenzt, welches in den meisten Fällen gotischer Bautradition folgt, auch wenn die Bauzeit selbst bereits in der Renaissance liegt. Dieser zentrale Raum war u.a. deswegen so wichtig, weil die inzwischen großen Kaufmannshäuser häufig durch die Zusammenlegung von 2, 3 oder gar 4 benachbarten kleineren Gebäuden entstanden waren und der Baumeister somit vor der Aufgabe stand, ganz unterschiedlich hohe Geschosse und Raumstrukturen verschiedener Vorgängerbauten miteinander zu verbinden. Ein anderer Grund für die Entwicklung dieses Haustyps ist die verhältnismäßig große Haustiefe und das damit verbundene Problem einer möglichst natürlichen Belichtung der inneren Räume. Genauso wichtig war für diese riesigen Häuser auch eine natürliche Belüftung, welche sich über eine etwa mittige Halle gut gewährleisten ließ. Allein mit funktionellen Gründen lassen sich Häuser dieser Größenordnung aber nicht begründen. Sicher spielte auch das Bedürfnis der Hauseigentümer nach Präsentation ihres Reichtums gegenüber ihren Nachbarn und auch den Handelspartnern eine entscheidende Rolle.

Ein weiteres typisches Element des „Görlitzer Hallenhauses“ ist der Hauptwohnraum, welcher direkt über die Zentralhalle erschlossen wird und in den meisten Fällen als Renaissancesaal, manchmal als barocker Raum, überliefert ist. Die schönsten Säle kann man in den Gebäuden Brüderstraße 11, Brüderstraße 8 ("Schönhof"), Untermarkt 4 ("Goldener Baum"), Untermarkt 5 (Frenzelhof), Untermarkt 24 (Ratsapotheke), Peterstraße 16 (St.

Jonathan) und Peterstraße 8 (Hotel Tuchmacher) erleben. Leider ist der Zugang nicht in jedem Fall möglich, da es sich teilweise um private Räumlichkeiten handelt.
Zu den baugeschichtlich bedeutendsten Räumen der Hallenhäuser gehören die sehr unterschiedlich erhaltenen Hauskapellen. Die besten Beispiele hierfür bieten die Objekte Untermarkt 5, Peterstraße 16 und Kränzelstraße 27. Sehr gut zugänglich ist auch die Kapelle des Hauses Neißstr. 29 (Biblisches Haus). Hier finden Sie allerdings keine Bemalungen.

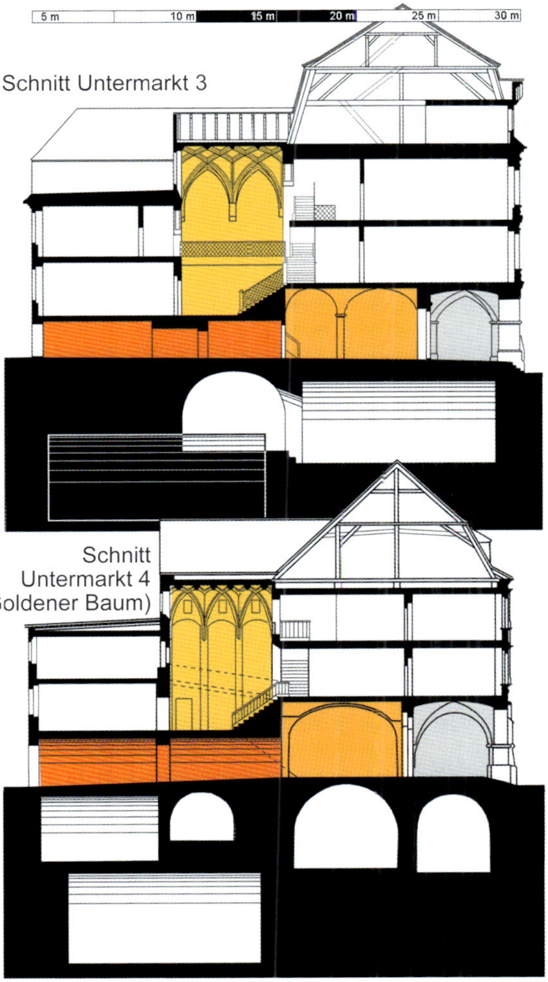

Schnitt Untermarkt 3

Schnitt Untermarkt 4 (Goldener Baum)

Erdgeschosshalle Neißstraße 7

Erdgeschosshalle Peterstraße 7

Erdgeschosshalle Neißstraße 27

Görlitzer Hallenhaus
- Zentralhalle
- Erdgeschosshalle
- Durchgang zum Hof
- Laubengang am Untermarkt

Blick vom Untermarkt zur Peterskirche

Waage, Lauben, Nikolaistr.14, Peterskirche

Vom Untermarkt aus ist das nächste große gotische Bauwerk, die Peterskirche, bereits zu sehen. Der aufmerksame Betrachter wird aber auf dem Wege dahin noch einige gotische Details erkennen. Dazu gehören die Fenster und Portale des Erdgeschosses der Waage in der Mitte des Platzes, die Gewölbe der östlichen Lauben des Untermarktes (Untermarkt 25/26), die Fenster des Hauses Peterstraße 1, der Ladeneinbau des Hauses Peterstraße 7 und, bereits auf Entfernung zu erkennen, das Portal des Hauses Nikolaistraße 14. Dort angekommen, stehen Sie bereits vor der Peterskirche, einer fünfschiffigen spätgotischen Hallenkirche, der größten der Oberlausitz. Der Zugang zur Kirche erfolgt in der Regel über das Portal an der Südseite (Waidhaus).

Portal und Fenster (EG) Waage

Portal Nikolaistr.14

Flüsterbogen
Das wohl am meisten besuchte gotische Portal ist der so genannte „Flüsterbogen" am Haus Untermarkt 22. Dieser Torbogen wurde um 1500 errichtet und trägt eine Reihe von spätgotischen Merkmalen, auch wenn man ihn nicht unbedingt als typisches gotisches Portal bezeichnen kann. Dazu gehören die kielbogenförmige Archivolte, die darum angeordneten Krabben, die mittige Kreuzblume und die beiden seitlichen Maskenkonsolen.
Seine auf Besucher der Stadt so anziehende Wirkung aber hängt mit dem akustischen Phänomen zusammen, welches man hier beobachten, oder besser gesagt hören kann. In der im Bogen umlaufenden Vertiefung überträgt sich Schall von der einen zur anderen Seite. Was also auf der linken Seite hinein geflüstert wird, ist auf der rechten Seite zu hören
(oder umgekehrt!).

Portal Untermarkt 22
("Flüsterbogen")

Kreuzblume

Die Peterskirche, deren Grundstein im Mai 1423 gelegt wurde, erhebt sich an der Stelle einer früheren Pfeilerbasilika des frühen 13. Jahrhunderts. Von diesem Vorgängerbau ist der spätromanische Westriegel erhalten geblieben. Das Gewändeportal an der Westseite der Kirche stammt aus der Zeit um 1235, wurde aber im Zusammenhang mit dem spätgotischen Neubau verändert. 1457 wurde als erster Teil der neuen Kirche die Unterkirche, welche sich heute unter dem Chor der Hallenkirche befindet, geweiht. Parallel dazu hatte man begonnen, die Nordseite des Vorgängerbaus zu ersetzen. Bereits 8 Jahre nach der Weihe der Unterkirche konnte der darüber befindliche Hallenchor fertig gestellt werden. Nach insgesamt 74 jähriger Bauzeit erfolgte die Weihe der neuen fünfschiffigen Kirche. Das hohe kupfergedeckte Dach der Kirche, welches die drei mittleren Schiffe überspannt, wurde erst 1507-1515 vollendet. Die beiden Portale an Nord- und Südseite der Halle sind Ergänzungen der Jahre 1543 und 1553. Die heute die äußere Gestalt prägenden Turmspitzen erhielt die Kirche in den Jahren 1889-1891. Bis dahin wurde das Westwerk von barocken Hauben abgeschlossen, die das Dach nur wenig überragten.

Maßwerkfenster des nördlichen Kirchenschiffes

Westportal (Ansicht und Detail der Stufung)

Peterskirche, Sonnenorgel

Grundriss Peterskirche

- Plan der spätromanischen Basilika (Vorgängerbau)
- Westportal
- Schlusssteine mit der Darstellung der Passion Christi
- Orgelempore / Sonnenorgel
- evangelische Beichtstühle
- Taufbecken / Taufgitter (1617)
- barocke Kanzel
- Altar
- Nord- /Südportal (1543 / 1553)
- Zugang Unterkirche (Krypta)

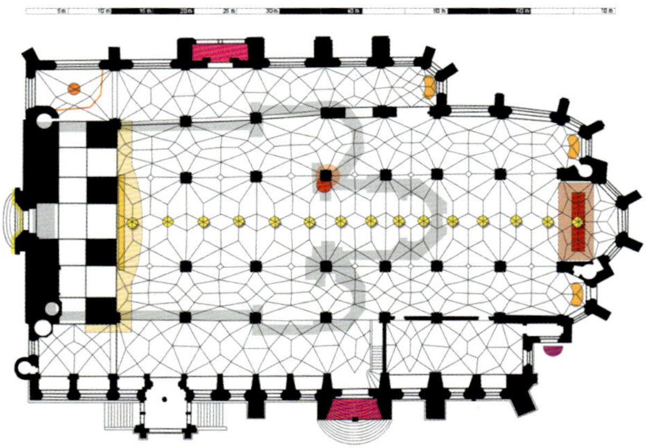

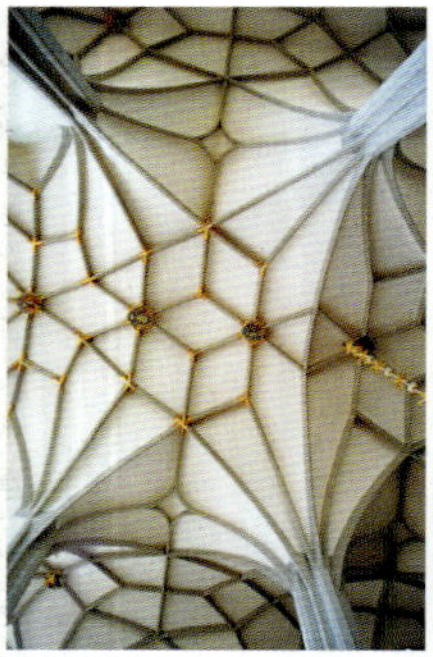

Netzrippengewölbe
barocke Kanzel
evang. Beichtstuhl

Die Halle der Peterskirche verdankt ihren Charakter im Wesentlichen den schlanken Pfeilern und den durch Conrad Pflüger geschaffenen Netzrippengewölben. (Pflüger war ein Schüler Arnolds von Westphalen, des Erbauers der Albrechtsburg in Meißen, und war in den letzten Jahren des 15.Jh. gleichzeitig herzoglich sächsischer Werkbaumeister und Görlitzer Stadtbaumeister.) Die Schlusssteine der Gewölbe tragen Reliefs mit Darstellungen des Lebens Jesu von der Verkündigung seiner Geburt über die Passion bis hin zu Auferstehung, Himmelfahrt und der Ausschüttung des Heiligen Geistes zu Pfingsten. Bei einem Brand im Jahr 1691 wurde das gesamte spätgotische Inventar zerstört. Dazu gehörten mehr als 30 Schnitzaltäre, das Geläut, beide Orgeln, kostbare Messgewänder, Altargeräte und Bücher. Nur das schmiedeeiserne Gitter der Taufkapelle (1617) blieb erhalten. Das heutige barocke Inventar stammt aus den Jahren nach diesem Brand. Dazu gehören u.a. die vergoldete Kanzel (1693), der Altar (1695), das Ratsgestühl, 3 evangelische Beichtstühle und die von Eugenio Casparini geschaffene und mit einem Prospekt von Johann Conrad Buchau ausgestattete Orgel (Sonnenorgel, 1703).

Wenn Sie ein wenig Glück haben, können Sie auch den Klängen dieses gigantischen Instrumentes lauschen – übrigens ein MUSS für Liebhaber von Orgelmusik. Die Orgel wurde in den letzten Jahren mit riesigem finanziellem Aufwand instand gesetzt. Wer sich nicht auf sein Glück verlassen möchte, teilt seinen Rundgang durch die Stadt am besten so ein, dass er die in den Sommermonaten regelmäßig donnerstags und sonntags um 12 Uhr stattfindenden Vorführungen der Orgel (Orgel Punkt 12) wahrnehmen kann. In den Wintermonaten wird nur sonntags gespielt. Informationen zur Buchung der Sonnenorgel und zu den häufig stattfindenden Konzerten finden Sie in der Kirche selbst.

Sonnenorgel

ein ganz besonderes barockes Instrument

Sonnenorgel
Die Orgel entstand im Zusammenhang mit der Neubeschaffung des Inventars nach dem Brand der Kirche im Jahr 1691. Hierzu holte man 1703 den Orgelbauer Eugenio Casparini nach Görlitz. Der aus der Lausitz stammende Casparini (ursprünglich Eugen Caspar) hatte in Italien gelernt, war dort sesshaft und für seine besonderen Fähigkeiten berühmt geworden. In den folgenden Jahren schuf er in Görlitz ein barockes Instrument gigantischen Ausmaßes. Die Bezeichnung „Sonnenorgel“ bürgerte sich ein, weil der vom Görlitzer Bildhauer Johann Conrad Buchau geschaffene Prospekt 18 Sonnen zeigt, die jeweils kreisförmig von Pfeifengruppen umgeben sind. Auch die Instrumente der musizierenden Engel in den Giebelgruppen und der Putten im Brustwerk waren ursprünglich spielbar. Nach mehr als 200 Jahren war das originale Orgelwerk so verschlissen, dass es 1927 gegen ein elektropneumatisches der Orgelbaufirma Sauer ausgetauscht wurde. Diese „Interimslösung” war aber nicht von Dauer. Als das Orgelwerk 1978 wegen des fortschreitenden Verschleißes aufgegeben werden musste, entschloss sich die Gemeinde der Peterskirche zu einem Orgelneubau unter Berücksichtigung des historischen Prospektes. In den Jahren nach 1995 baute die Mathis Orgelbau AG aus der Schweiz mit dem Ziel, der Disposition der Casparini-Orgel so nahe wie möglich zu kommen, ein neues Werk in den inzwischen sanierten Prospekt.
Seit Mai 2004 klingen sogar wieder die „Sonnen“ der Orgel. Die neue Orgel schöpft ihre Klangfülle und –vielfalt aus 6085 Pfeifen, 89 Registern, vier Manual- und zwei Pedalklaviaturen. Die größte der Pfeifen misst 7,82 m. Besonderheiten der Orgel sind die barocken Spielzüge, z.B. Vogelstimmen (Nachtigall, Kuckuck) und Cymbelstern.

Giebelfiguren des der Orgel gegenüberliegenden Altars (1695)

Karpfengrund, Finstertor

Die Aufzählung gotischer Bauwerke und Details in Görlitz wäre unvollständig ohne die Erwähnung der Wohnhäuser Karpfengrund 8 und Langenstraße 17, der Nikolaikirche und des Finstertores, dem letzten noch erhaltenen Bestandteil der Befestigung der Nikolaivorstadt.

Karpfengrund 8, Portal und Fassade

An der Stelle der heutigen Gebäude Karpfengrund 5-8 stand bis in das 17. Jh. ein großer Hof. Erst nachdem dieser dem Brand im Jahr 1691 zum Opfer fiel, entstanden hier 4 Handwerkerhäuser, in deren Grundrisse aber die bestehende Ruine integriert wurde. Die gotischen Befunde der Fassade gehen also auf den Vorgängerbau zurück. Die Fassade des 1. Obergeschosses ist auf das ausgehende 16. Jahrhundert datiert (Renaissance).

Geht man vom Nikolaiturm aus in Richtung Nordwesten durch die Bogstraße der Nikolaivorstadt, gelangt man zu der schon weithin sichtbaren Nikolaikirche. Der Bau der spätgotischen Kirche begann im Jahr 1452. Zu Gunsten des Baus der Peterskirche wurde der Bau hier unterbrochen und erst 1515 fortgesetzt. 1516 wurde Wendel Roßkopf d.Ä. mit der Bauleitung betraut. Das Südportal entstand 1 Jahr danach. Bereits kurz nach der Weihe (1520) wurde das Dach aus statischen Gründen abgetragen und erst 1582 erneuert. 1642 fiel die Kirche einem Brand zum Opfer, wurde bis 1649 wieder aufgebaut und brannte 1717 abermals ab. Im Zuge des erneuten Aufbaus erhielt die Kirche anstelle ihrer spätgotischen Gewölbe eine mit perspektivischen Architektur-

Finstertor

darstellungen bemalte flache Decke. 1925 wurde die Nikolaikirche durch den Architekten Martin Elsässer zur Gedächtnisstätte für die Gefallenen des I. Weltkrieges umgebaut. Zu diesem Zeitpunkt verlor der Innenraum nicht nur die beschriebene Decke. Ersetzt wurde sie durch ein leichtes Rabitzgewölbe, welches von schlanken Säulen scheinbar getragen wird.
Heute befindet sich in der Kirche eine Dauerausstellung über Jakob Böhme, den großen Görlitzer Philosophen der ausgehenden Renaissance, dessen Grab man übrigens nördlich des Kirchgebäudes auf dem Nikolaifriedhof besuchen kann.

Auf dem an der Wende zum 16.Jh. eingerichteten Kreuzweg, beginnend an der Peterskirche, gelangen Sie zu dem berühmten Görlitzer „Heiligen Grab". Die Errichtung dieser Pilgerstätte reiht sich in die Vielzahl der mittelalterlichen europäischen Kopien des Heiligen Grabes in Jerusalem ein. Einzigartig ist jedoch die Ausführung der Gesamtanlage. Im Gegensatz zu allen anderen Nachbauten stehen die einzelnen Bestandteile wie Adams- und Golgathakapelle, Salbstein und das Grab selbst hier unter freiem Himmel. Es fehlt also die im Jerusalem dieser Zeit vorhandene bauliche Hülle, die das Grab seit Kaiser Konstantin 394 schützte.

Georg Emmerich (1422-1507), etwa 1422 in Glaz geboren, kam in den 60-er Jahren des 15.Jh. nach Görlitz. Der studierte Jurist wurde nach seiner Tätigkeit im Rat der Stadt 1474 zum Schöppen gekürt, bekleidete in der folgenden Zeit aber auch andere Ämter in der Stadt. Sechsmal wurde er sogar zum Görlitzer Bürgermeister gewählt. Neben seinen Funktionen in der Stadt betrieb Emmerich einen umfangreichen und erfolgreichen Handel mit Tuchen, Getreide, Fisch und Metallen. Außerdem betrieb er Bergbau in Böhmen. Das damit erworbene Vermögen erlaubte ihm, seinen Einfluss innerhalb der Stadt auszubauen. Die Legende sagt, dass ihn Luther wegen seines riesigen Vermögens an Geld und Grundbesitz rings um Görlitz und natürlich wegen seines Einflusses in der Stadt wohl den „König von Görlitz" genannt haben soll. Ein besonderes Denkmal hat Emmerich sich durch den Bau des „Heiligen Grabes" gesetzt, welchen er maßgeblich beeinflusste. Auf einer Pilgerfahrt nach Jerusalem (1465), die ihm zu seiner persönlichen Rehabilitierung (er hatte die unverheiratete Benigna Horschel, ebenfalls Tochter aus gutem Hause, geschwängert und ihr die eheliche Bindung versagt) angetragen wurde, hatte er die Gelegenheit, sich die originalen heiligen Stätten anzuschauen. Drei Jahre nach der Vollendung des „Heiligen Grabes" starb Emmerich und wurde in der Gruft der Familie nördlich der Nikolaikirche beigesetzt.

Nikolaikirche

Südportal der Nikolaikirche

Emmerichgruft auf dem Nikolaifriedhof

Gotisches Görlitz

Mittelalter in der Görlitzer Altstadt

Altstadtplan

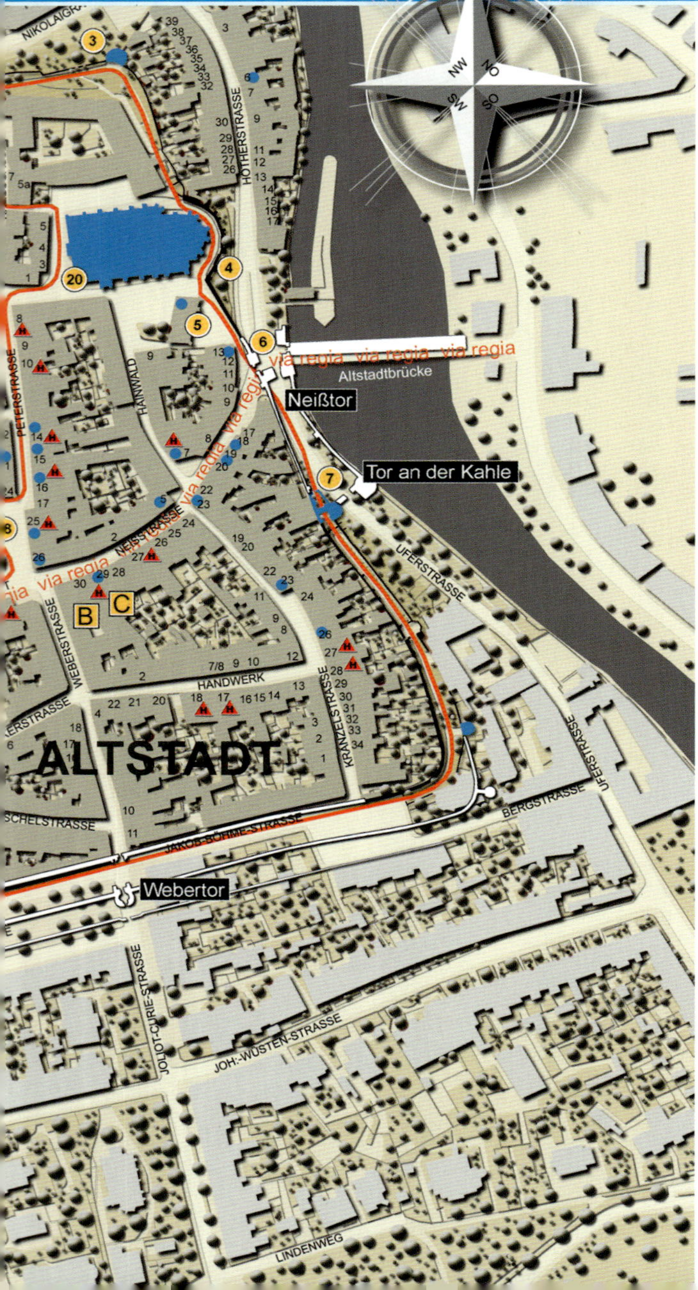

1 Nikolaiturm
2 Nikolaizwinger
3 Hotherturm
4 Wächterhäuschen
5 Waidhaus
6 Neißtor / Altstadtbrücke
7 Ochsenbastei
8 Dicker Turm /(Frauenturm
9 Frauenkirche
10 Annenkapelle
11 Reichenbacher Turm
12 Kaisertrutz
13 Obermarkt
14 Dreifaltigkeitskirche
15 Brüderstraße
16 Corvinuswappen
17 Hallenhaus Untermarkt 5
18 Untermarkt
19 Flüsterbogen
20 Peterskirche
21 Karpfengrund
22 Finstertor
23 Nikolaikirche
24 Heiliges Grab

erhaltene Stadtbefestigung
abgebrochene Stadtbefestigung (Ausschnitte)
H Hallenhäuser
Tor erhaltene Toranlage
Tor abgebrochene Toranlagen

Orientierungshilfen

A Rathaus / Rathaustreppe
B Kulturhistorisches Museum Görlitz Neißstraße 30
C Biblisches Haus
D Information
E Karstadt Kaufhaus
F Nikolaifriedhof

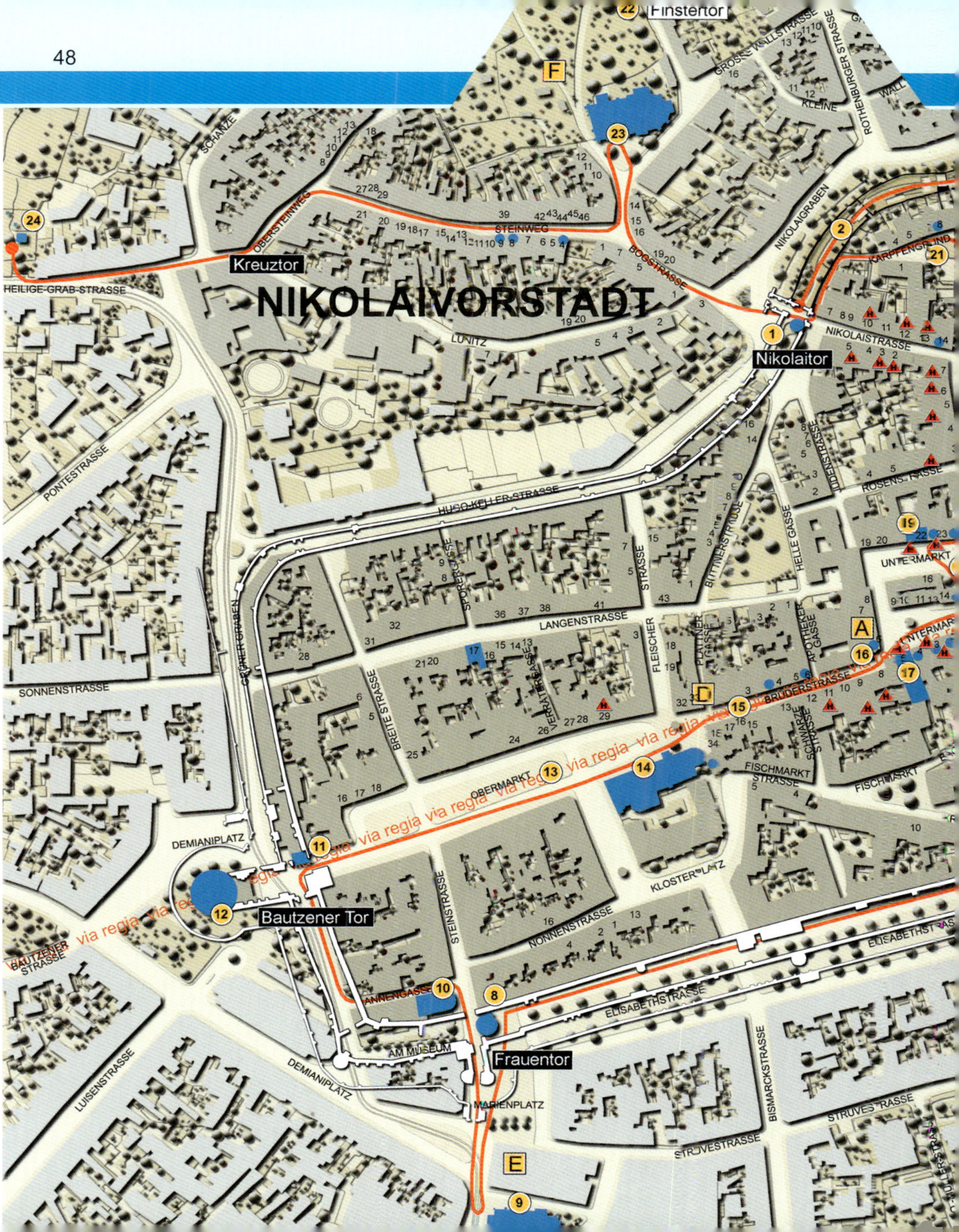
NIKOLAIVORSTADT
Finstertor
Kreuztor
Nikolaitor
Bautzener Tor
Frauentor
HEILIGE-GRAB-STRASSE
OBERSTEINWEG
STEINWEG
BOGSTRASSE
NIKOLAIGRABEN
NIKOLAISTRASSE
LUNITZ
SCHANZE
PONTESTRASSE
HUGO-KELLER-STRASSE
SONNENSTRASSE
GRÜNER GRABEN
LANGENSTRASSE
BREITE STRASSE
SPORERGASSE
VERRÄTERGASSE
OBERMARKT
FLEISCHER STRASSE
BÜTTNERSTRASSE
HELLE GASSE
JUDENSTRASSE
ROSENSTRASSE
UNTERMARKT
PLATTNERGASSE
APOTHEKERGASSE
BRÜDERSTRASSE
SCHWARZE STRASSE
FISCHMARKT
KLOSTERPLATZ
DEMIANIPLATZ
BAUTZENER STRASSE
STEINSTRASSE
NONNENSTRASSE
ANNENGASSE
ELISABETHSTRASSE
AM MUSEUM
MARIENPLATZ
LUISENSTRASSE
BISMARCKSTRASSE
STRUVESTRASSE
ROTHENBURGER STRASSE
GROSSE WALLSTRASSE
KLEINE
KARPFENGRUND
via regia

Heiliges Grab, Heilige Kreuz Kapelle, via dolorosa

Das Heilige Grab in Görlitz ist Teil einer in die Landschaft eingepassten Memorialanlage. Zu ihr gehört die an der Peterskirche (Richthaus des Pilatus) beginnende und am Heiligen Grab endende via dolorosa, wie auch die nördlich des Grabes gelegene Parkanlage, die durch ihre topographische Situation den Ölberggarten, die Jüngerwiese und den Bach Kidron symbolisiert. Die Anordnung der heiligen Stätten folgt in ihren Abständen zueinander unmittelbar dem Jerusalemer Vorbild.

Die Errichtung der Anlage begann mit einer Emmerichschen Stiftung (1465) für eine Heilige Kreuz Kapelle an der Stelle eines in den Stadtbüchern bereits Anfang des 14.Jh. erwähnten heiligen Kreuzes und einer später (15.Jh.) an gleicher Stelle errichteten hölzernen Kapelle. Der Bau der zweigeschossigen Kapelle erfolgte erst in den Jahren 1480-98. In einer der spätgotischen Formensprache folgenden Hülle wurden hier im Erdgeschoss die Adamskapelle mit dem symbolischen Grab Adams und im Obergeschoss die Golgathakapelle mit einem Podest als Kalvarienberg und 3 die Standorte der 3 Kreuze darstellenden Löchern, als Stell vertreter für die Kreuzigungsstätte Jesu, angeordnet. Der von der oberen zur unteren Kapelle an der Ostwand verlaufende Riss verweist auf

die Ereignisse in der Todesstunde Christi, als sich, wie in Matthäus 27,51 beschrieben, der Vorhang des Tempels von oben bis unten in zwei Teile zerriss und sich die Felsen spalteten.
Vorbei an dem Salbstein endet die via dolorosa am Heiligen Grab, das große Ähnlichkeiten mit den überlieferten Darstellungen des Grabes in Jerusalem am Ende des 15.Jh. hat. Es beherbergt getreu dem historischen Vorbild die Engelskapelle und dahinter liegend die eigentliche Grabkammer. Die beiden Steinquader stellen die beiden Wächtersteine dar, auf denen die Wachen des Pilatus schliefen, als Jesus aus dem Grab auferstand.
Durch das kleine Tor in unmittelbarer Nähe des Grabes gelangen Sie dann zum Bach Kidron, dem Ölbergarten, der Jüngerwiese und dem Ölbaum, der Stätte des Gebetes im Garten Gethsemane.

Salbstein

Adamskapelle

GEHHÖRGANG
www.geh-hoer-gang.de

Falls Sie nicht zu sehr in Eile sind, nehmen Sie sich doch die Zeit, die Geschichte um Georg Emmerich und Begnina Horschel in ihrer Originalumgebung zu erleben. 2004 erschien das "Begehbare Hörspiel" des Hamburger Autors René Harder welches Sie an die originalen Schauplätze dieser so folgenreichen Beziehung führt.
Mieten Sie sich am Eingang des Heiligen Grabes oder bei dem Touristbüro i-vent auf der Brüderstraße das Abspielgerät und erleben Sie Ölberggarten, Nikolaifriedhof, Peterskirche und das Heilige Grab auf ganz neue Art.
Das Hörspiel, also auch Ihr Spaziergang, dauert etwa 70 Minuten. Ausgangs- und Endpunkt ist das Heilige Grab.

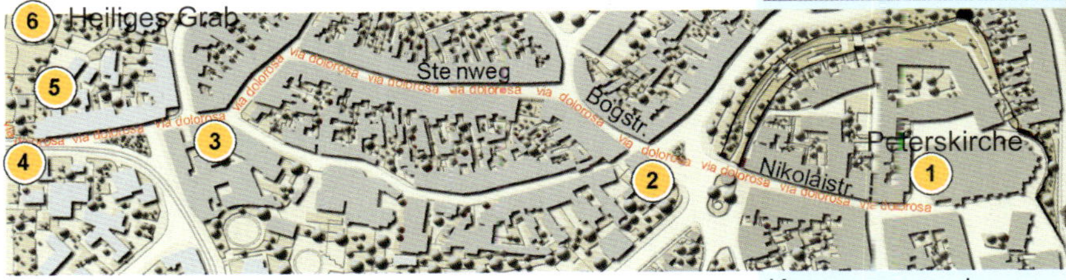

1 Westportal der Peterskirche, Richthaus des Pilatus
2 Stele am Jesusbäcker, Jesus bricht unter der Last des Kreuzes zusammen
3 ehemaliges Kreuztor
4 2. erhaltene Stele, Jesus nimmt das Kreuz wieder auf und schleppt es zur Richtstätte
5 Golgathakapelle, Richtstätte über Adams Grab; Salbstein; Heiliges Grab
6 Ölberggarten mit Garten Gethsemane und Jüngerwiese

Kreuzweg von der Peterskirche zum Heiligen Grab (via dolorosa)

Stele am Jesusbäcker (aufgestellt 1489)

Renaissance in Görlitz

Aufbruch in eine neue Zeit

Die Architektur der beginnenden Neuzeit mit ihren Besonderheiten und ihrer Vielfalt im Zeitraum von 1526 bis 1617

Görlitzer Altstadtfest
Drei Tage Party am letzten Augustwochenende

www.goerlitz.de

An diesem Wochen-ende können Sie
in der Altstadt alles abstellen - nur nicht Ihr Auto!

Wein
Weib
Gesang

Gaukler
Fidler
Scharlatane

Das Altstadtfest Ende August ist in jedem Jahr der kulturelle Höhepunkt mit den konkurrenzlos meisten Besuchern. Drei Tage lang ist dann in dem gesamten Gebiet der Altstadt der Teufel los.

Einmal im Jahr
lassen wir in
Görlitz
die Sau ´raus!

Renaissance in Görlitz
Aufbruch in eine neue Zeit

Reformation, Schönhof, Wendel Roßkopf

Wer in Görlitz unterwegs ist, die Renaissance dieser Stadt zu entdecken, beginnt seinen Spaziergang am besten mit dem Schönhof. Dieses baugeschichtlich vielleicht bedeutendste Gebäude der Stadt befindet sich am Ende der Brüderstraße, direkt am Zugang zum Untermarkt und ist somit nicht zu verfehlen. Von dieser Stelle aus finden Sie im Umkreis von nur 100 m rund um den Schönhof weitere 17 wichtige Renaissancedenkmale.

Der Schönhof selbst zählt zu den ältesten Bürgerhäusern aus dieser Epoche, die in Deutschland im Original erhalten sind. Er wurde 1526, nach einem Stadtbrand im Jahre 1525, durch den städtischen Werkmeister Wendel Roßkopf d.Ä. ausgeführt. Der Ostteil des Gebäudes bildet den Abschluss des erdgeschossigen Laubenganges vor den Häusern Untermarkt 2-5, der Westteil reiht sich in die Straßenflucht der Brüderstraße und tritt dadurch ein wenig zurück.

Die heute erlebbaren Grundrissstrukturen und eine ganze Reihe von Befunden der Bauforschung an diesem Objekt lassen aber noch auf eine ältere Geschichte als die der Renaissance schließen. Ursprünglich bestand das Gebäude aus drei einzelnen Hauseinheiten, die vermutlich bereits vor 1400 vereint wurden.

1517 - Luther veröffentlicht seine 95 Thesen in Wittenberg; 1519-21 - in diesem Zeitraum sind 14 Görlitzer Studenten an der Wittenberger Universität eingeschrieben; 1521 - Die Pest kostet in Görlitz rund 2000 Menschen das Leben. 1521 - Pfarrer Rotbart predigt in der Peterskirche öffentlich die lutherische Lehre; 1525 - Großer Deutscher Bauernkrieg; 1525 - Stadtbrand in Görlitz (130 Häuser werden verwüstet, auch der Schönhof wird schwer beschädigt); 1526 - Ludwig II., König von Böhmen und Ungarn, kommt bei Kämpfen gegen das türkische Heer ums Leben; 1527 - Erzherzog Ferdinand von Österreich wird in Prag zum König von Böhmen gekrönt

Im westlichen Teil des heutigen Schönhofes ist beispielsweise einer der Ursprungsbauten in Grundriss und Mauerwerk nachweisbar. Von der gotischen Geschichte zeugen auch viele gotische Sandsteingewände und, wie in Görlitz so häufig, die gotischen Kelleranlagen. Nicht zuletzt spiegelt auch die Struktur der Fassade mit den leicht ablesbaren unterschiedlichen Geschossebenen die vormalige Trennung des heutigen Gebäudes in mehrere ältere Hausachsen wider.

Im Zusammenhang mit dem Wiederaufbau des Gebäudes nach dem Brand von 1525 verwendete Wendel Roßkopf zum ersten Mal in Görlitz Renaissanceformen. Interessant ist, dass Wendel Roßkopf, soweit dies aus den Akten bekannt ist, nie in Italien weilte, also nie „originale" Renaissancegebäude oder gar antike Architektur vor Augen hatte. Vermutlich brachte er die Erfahrungen im Umgang mit dieser für Görlitz absolut neuen Formensprache aus Prag mit, wo er bei Benedikt Ried (1450-1534), einem der bedeutenden Baumeister auf der Prager Burg (Hradschin – Wladislawsaal, 1484-1502), gelernt hatte. Was ihm an antiker Kenntnis fehlte, erfand er selbst und schuf damit die Grundlage für die gewisse Eigenständigkeit der Renaissanceform dieser Zeit in dieser Region.

Eines dieser typisch Roßkopf´schen Merkmale Görlitzer Architektur der Frührenaissance ist die bandartige Reihung der Fenster und deren Verbindung durch Gesimse und zwischen den Fenstern stehenden Pilastern, deren Kapitelle und Sockel sehr eigenwillige Formen entwickeln. Der heute erlebbare Giebel zum Untermarkt wurde im Zusammenhang mit den Rekonstruktionsarbeiten im Jahr 1995 auf der Grundlage alter Zeichnungen und mit Hilfe von Befunduntersuchungen wieder hergestellt. Das Gleiche trifft auf den Dachreiter zu.

Das Portal des Hauses stammt inschriftlich aus dem Jahr 1617 und markiert damit das Ende der Renaissance in Görlitz. Ein Vergleich der hier verwendeten Formen und Ornamente verdeutlicht sehr schnell die Veränderung der Formensprache, welche sich unter sehr verschiedenartigen Einflüssen im Verlauf des 16.Jh. ergeben hat. Die in der Archivolte verwendeten Blütenmotive wie auch die Ornamente der Zwickel rechts und links des Bogens erscheinen im Vergleich mit den Formen der frühen Renaissance relativ grob, reihen sich aber in den Formenkanon der inzwischen entwickelten Renaissance in Deutschland ein. Die Fenster beiderseits des Portals wurden in Anpassung an den nachweisbaren Originalzustand erst 1909 eingebaut.

Betritt man durch das Portal die erdgeschossige Halle, erlebt man eine Raumsituation, die sich im Wesentlichen zu Beginn des 17.Jh. herausgebildet hat. Der jetzt überwölbte Raum besaß ursprünglich eine Holzbalkendecke und die Treppe zur Halle des 1. Obergeschosses stand bis zum Jahr 1617 frei.

Deckenbeispiele
des Schönhofes

Festsaal mit ionischen Säulen
an der Fensterfront

Wladislawsaal auf der Prager Burg

Fenster zum Burghof; Saal; Innenportal

1484-1502	Benedikt Ried (1450-1534) baut auf dem Hradschin in Prag den Wladislawsaal und den Ludwigstrakt
1506-48	das Renaissanceschloss auf dem Wawel in Krakau entsteht (Francesco Fiorentino, Italien)
1509-18	Fuggerkapelle in St. Anna in Augsburg
ab 1512	Wohn- und Handelshaus der Fugger in Augsburg
1515	Damenhof im Augsburger Fuggerhaus
1517	Portal der Sakristei im Breslauer Dom
1518	Portal der Sakristei der Stadtkirche St. Anna in Annaberg
1520	Portal der St. Georg Kirche auf der Prager Burg
1521-28	Haus „Zur goldenen Krone“, Markt 29 in Breslau
1522	Hauptaltar der Stadtkirche St. Anna in Annaberg
1526	Schönhof in Görlitz
1527	Arkadenhof des Schlosses Porcia in Spittal (Kärnten)
1528	Patrizierhaus Peterstr.8 in Görlitz
1528	Portal im Gerichtssaal des Breslauer Rathauses
1529	Knochenhaueramtshaus (Gildehaus) in Hildesheim
1530	Ribbisch-Haus in Breslau
ab 1530	Georgenbau am Dresdener Schloss
1533-35	Wendelstein Schloss Hartenfels in Torgau
1534	Archivflügel des Görlitzer Rathauses
1536	Bürgerhaus Untermarkt 23 in Görlitz
1536-38	Gildehaus (Schütting) in Bremen
1537/38	Rathaustreppe in Görlitz
1537	Portal des Schweidnitzer Schlosses (Schlesien)
ab 1537	Ottheinrichbau auf Schloss Neuburg a.d.Donau (Sgraffito ab 1562)
1538	Patrizierhaus Untermarkt 4 in Görlitz
1538	Renaissanceumbau Haus „Zur Hohen Lilie“ in Erfurt
1538-63	Sommerpalast auf der Prager Burg
1540	Portal Brüderstr.10 (ehem. Peterstr.11) in Görlitz
um 1540	Bürgerhaus „Goldener Anker“ (Kränzelstr.27) in Görlitz
1543-46	Patrizierhaus Böck (Maximilianmuseum) in Augsburg
1544	Schlosskapelle in Torgau (Schloss Hartenfels)
1544	Portal des Bürgerhauses Peterstr.7 in Görlitz
1547	Bürgerhaus Brüderstr.11 in Görlitz
1547	Gläserner Saalbau auf Schloss Heidelberg
1547	Renaissancebau auf Schloss Lauenbrunn
1547-56	Vierflügelanlage des Dresdener Schlosses
1548	Erker an der Schöffenkanzlei des Breslauer Rathauses
1548	Bürgerhaus Am Sande 1 in Lüneburg
ab 1549	Umbau Schloss Detmold
1550	Ratsapotheke / Sonnenuhren am Görlitzer Untermarkt
1550-55	Fürstenhof in Wismar
1551	Bürgermeisterhaus E.Freund, Schweidnitz (Schlesien)
1551-69	„Schöner Hof“ der Plassenburg, Kulmbach
1556	Portal Untermarkt 8 (Rathaus) in Görlitz
1556	Ottheinrichsbau auf Schloss Heidelberg
1557	Portal des Hauses Langenstr.1 in Görlitz
ab 1557	Arkadenhof auf dem Stuttgarter Alten Schloss
1557-65	Arkadenhof des Landhauses in Graz (Steiermark)
ab 1558	Schloss Güstrow (Franz Parr, Schlesien)

Beispiele deutscher Renaissancearchitektur im 16. Jahrhundert

1560	Fassade Bürgerhaus Peterstr.17 in Görlitz
1562	Haus „Zum Roten Ochsen“ in Erfurt
ab 1563	Turnierhof des alten Marstalls in München
1564	Portal des Hauses Nikolaistr.5 in Görlitz
1564	Gerichtserker im Görlitzer Rathaushof
1564-66	Portal und Deckentäfelung im Kleinen Sitzungssaal des Görlitzer Rathauses
1565	Rathauslaube am Hauptportal , Lemgo
1565	Herrenhaus in Puschkau (Schlesien)
1566	Audienzsaal im Schloss der Maria von Jever, Jever
1568	Bürgerhaus J.Rike (Bäckerstr.16) in Hameln
1568-71	„Hexenbürgermeisterhaus“ in Lemgo
1568-79	Schlosskirche Augustusburg
1569-71	Antiquarium der Residenz in München
1569-73	Rathauslauben in Köln (Entwurf 1557)
1570	„Biblisches Haus“ in Görlitz
1570	Bürgerhaus Brüderstr.10 in Görlitz
1571	Spanischer Saal auf Schloss Ambras bei Innsbruck
1572-78	Renaissancetrakt des Rathauses Rothenburg o.d. Tauber
1572-1600	Schallaburg in Niederösterreich
1578	Portal des Hauses Peterstr.10, Görlitz
um 1580	Spießhof in Basel
um 1580	Herrenhaus Guhlau in Schlesien
1581-86	Grottenhof der Residenz in München
1582-97	Jesuitenkirche St. Michael in München
1583	Portal und Erdgeschossfenster des Hauses Nikolaistr.10 in Görlitz
1584	Haus „Zum Breiten Herd“ in Erfurt
1584	Rittersaal auf Schloss Heiligenberg (Bodensee)
1584-92	Schloss Brake (Nordflügel) in Lemgo
1585-89	Leist´sches Haus in Hameln
ab 1585	Schloss Wilhelmsburg in Schmalkalden
1587-89	Umbau des „Greifenhauses“ in Breslau
1591	Justitia an der Rathaustreppe in Görlitz
1592	Renaissanceumbauten an Schloss Goglau (Schweidnitz, Schlesien)
1600	Umbau der „Waage“, Untermarkt, Görlitz
1602/03	Rattenfängerhaus in Hameln
1602-07	Pellerhaus in Nürnberg
1604	Waagehaus in Neisse (Schlesien)
1605-14	Schloss Aschaffenburg
1607	Umbau Herrenhaus Liebenau (Schlesien)
1610-17	Hochzeitshaus in Hameln
1611/12	Apothekenerker am Rathaus Lemgo
1615-20	Rathaus in Augsburg
1617	Portal am Görlitzer Schönhof
1618	Essighaus in Bremen
1620	Portal Herrenhaus Mondschütz (Schlesien)

Renaissanceschloss auf dem Wawel in Krakau

Augsburg, Damenhof im Fuggerhaus und Fuggerkapelle

Das Gewölbe der Erdgeschosshalle wird von einer Atlassäule getragen, die wohl auch aus dem Jahr 1617 stammt. Ab dem 1.Obergeschoss kann man eine Vielzahl von Räumen mit bemalten Holzbalkendecken erleben. Für die Bauphase 1526 wurde von den Restauratoren der Neubau von 13 Holzbalkendecken nachgewiesen, 11 davon sind ganz oder teilweise erhalten. Der wohl interessanteste Raum des Schönhofes ist der Festsaal mit seiner dreiachsigen, durch zwei ionische Säulen der Görlitzer Frührenaissance gegliederten Fensterfront und natürlich der bemalten Holzbalkendecke.

Wendel Roßkopf d.Ä., der vermutlich aus Franken stammte, lernte sein Handwerk in Prag bei Benedikt Ried, dem böhmischen Landesbaumeister und hatte damit zumindest Kenntnis von dessen ersten Renaissancebauwerken auf der Prager Burg (Wladislavsaal, Ludwigstrakt). 1516 kam er auf Empfehlung seines Meisters nach Görlitz und fasste hier relativ schnell Fuß. Bereits 1518 unterzeichnete er das Protokoll der Annaberger Bauhüttentagung als „Meister zu Görlitz und in der Schlesy". 1519 heiratete er die Witwe Albrecht Stieglitzers, seines Amtsvorgängers als Stadtbaumeister, und übernahm dadurch auch dessen Werkstatt. Für die folgenden Jahre lässt sich eine Vielzahl von Bauwerken nachweisen, die mit ihm in unmittelbarer Beziehung stehen, seine Urheberschaft ist aber nicht bei allen diesen Aufgaben unumstritten. Nach mehr als 30 schaffensreichen Jahren starb Wendel Rosskopf d.Ä. 1549 in Görlitz.

Wandbemalungen im Schönhof

Die 3 klassischen Säulenordnungen der Antike am Beispiel von Ausgrabungsstücken in Olympia (Griechenland): dorisches, ionisches und korinthisches Kapitell

Unmittelbar gegenüber dem Schönhof finden Sie bereits das nächste Prunkstück der Görlitzer Renaissance. Die geschwungene Rathaustreppe gehört ebenfalls zu den Werken Wendel Roßkopfs und ist auf die Jahre 1537/38 datiert. Die entsprechende Inschrift befindet sich unterhalb der Verkündigungskanzel.

Die Treppe diente als repräsentativer Zugang zum Gerichtsflügel des Rathauses, der aber auch als Tanzsaal der einflussreichen Bürger der Stadt diente. „Das Volk" vergnügte sich im Saal des Salzhauses am Obermarkt. Das Innere des Gerichtsgebäudes sowie seine Fassade zur Brüderstraße wurde im 19.Jh. verändert. Trotzdem sind auch hier historische Details erhalten. Bei den letzten Sanierungsarbeiten fand man im 2.Obergeschoss eine sich nahezu über die gesamte Fläche des Gebäudes erstreckende Renaissancedecke. Bei einem Besuch des Standesamtes kann sie sogar besichtigt werden. Sie erreichen es zu den Öffnungszeiten über den derzeitigen Haupteingang des Rathauses. Im Geschoss unter dem Standesamt hat das Ratsarchiv seine Arbeitsräume. Hier blieb ein weiterer historischer Raum erhalten: das ehemalige „Prätorium". Er besitzt eine reich mit Intarsien geschmückte Kassettendecke aus dem Jahr 1568.

Die Justitia und deren Baluster, die den Endpunkt des linken Treppengeländers zieren, entstand erst 1591, also 53 Jahre nach der Fertigstellung der Treppe durch Roßkopf. Als Symbol für die in der Stadt geltende freie Gerichtsbarkeit trägt sie keine Augenbinde.

Beide Kunstwerke wurden während des Krieges ausgelagert und kehrten erst 1962 nach Görlitz zurück. 1951/52 beschloss der Rat der Stadt die Aufstellung einer Kopie, um das Ensemble vollständig präsentieren zu können.

Wenn Sie Ihren Blick nach oben richten, haben Sie schon das nächste Objekt der Renaissance vor Augen. Der Rathausturm und seine Details sind aber besser von der Mitte des Untermarktes zu erkunden.

Rathaustreppe mit Justitia und Verkündigungskanzel

Rathausturm, Turmuhren

Bis ins Jahr 1343 hatte die Stadt kein eigentliches Verwaltungshaus. Wichtige Urkunden wurden nicht im Rathaus, sondern in der Kirche verwahrt, Beurkundungen erfolgten im Hause des jeweiligen Bürgermeisters oder eines reichen Bürgers der Stadt. Erst um 1350 erwarb die Stadt ein Privathaus, einen der ehemaligen Freihöfe, um dort ein Prätorium einzurichten. Aus dieser Zeit stammt der älteste Teil des Rathauses: der Turm, der rechts unmittelbar benachbarte Gebäudeteil mit dem Zimmer des Bürgermeisters und der Flügel in der Brüderstraße. Zum ersten Mal wird dieses „neue“ Rathaus 1369 erwähnt. Die erste urkundliche Erwähnung des Rathausturmes geht in das Jahr 1378 zurück. Aufbauend auf die bereits bestehende Basis erfolgte 1511-16 durch den Ratsbaumeister Albrecht Stieglitzer und den Zimmermeister Jobst die Erhöhung des Turmes auf ca. 60 Meter. Erst nach einem Blitzeinschlag am 9. Juli 1742, der den oberen Teil des Turmes vernichtete, erhielt dieser Bereich sein barockes Gesicht. Der Neubau wurde durch den Maurermeister Samuel Suckert ausgeführt.

Die mit 2 Zifferblättern ausgestattete Uhr wurde 1524, nach der Aufsetzung des Oktogons, angebracht. Die untere der beiden Uhren ist eine Stundenuhr, die ursprünglich ein 24-teiliges Zifferblatt hatte. Dieses wurde mit der Einführung der 12-teiligen Uhr durch Bartolomaeus Scultetus im Jahr 1584 durch das bis heute erhaltene Zifferblatt ersetzt. Die 12-stündige Anzeige bürgerte sich im Zusammenhang mit der Kalenderreform von 1582 (Wechsel vom Julianischen zum Gregorianischen Kalender) ein. Scultetus war es auch, der die Stundenuhr mit der darüber befindlichen Mondphasenuhr verbinden ließ. Der äußere Ring des oberen Zifferblattes zeigt noch heute die 24 Stunden, der mittlere die Mondphasen und der innere den Kalendertag an. Der innere Kreis ist seit der Kalenderumstellung nicht mehr in Betrieb, da mit dem Gregorianischen Kalender die gleichmäßige Anzeige von jeweils 30 Tagen pro Monat natürlich entfiel. Das untere Zifferblatt trägt in der Mitte einen Wächterkopf, der minütlich Augen und Mund öffnet. Diese Skulptur geht auf eine Sage zurück, nach der ein Wächter auf der Stadtmauer seinen Dienst nicht gewissenhaft versah und dabei ertappt wurde. Der goldene Löwe in dem darüber liegenden Spitzbogenfenster kündigte durch sein „Gebrüll“ ursprünglich den Wechsel der Mondphasen an. Heute funktioniert er auf Knopfdruck und wird täglich bei Stadtführungen vorgeführt.

Im Laufe der Jahrhunderte wurde das Rathaus immer wieder durch den Zukauf weiterer Gebäude vergrößert. An dem ehem. Bürgerhaus Untermarkt 8, heute Haupteingang des Rathauses, blieb eine Renaissancefassade aus dem Jahr 1530 erhalten, die allerdings im Zusammenhang mit dem Rathausneubau 1902/03 aufgestockt wurde. Das dahinter befindliche Gebäude passte man zu dieser Zeit ziemlich konsequent den neuen Anforderungen an ein „modernes" Rathaus an, so dass kaum noch historische Details im Inneren zu finden sind. Der im 16.Jh. entstandene Teil der Fassade folgt den Gestaltungsprinzipien der Görlitzer Frührenaissance, die Reihung der Fenster und deren Verbindung durch Gesimse und Pilaster. Das Portal des Hauses wurde erst 1556 errichtet. Seine Gestaltung, insbesondere die beidseitige Säulenstellung, stellt für die Görlitzer Renaissancearchitektur eine Besonderheit dar. Es gibt in der Stadt nur eine einzige Parallele: das Portal des Biblischen Hauses.

Einige für die Entwicklung der Renaissance in Görlitz wichtige Objekte finden Sie im Inneren des Rathauses. Zu erreichen sind sie durch das eben beschriebene Portal Untermarkt 8. Folgen Sie der Haupttreppe in das 1.Obergeschoss und gehen Sie dann rechts den Gang entlang (Richtung Ratsarchiv, Standesamt) bis zu dessen Erweiterung. Von hier aus haben Sie einen guten Einblick in den Hof des Rathauses und schauen direkt auf den Archivflügel. Er wurde 1534, ebenfalls von Wendel Roßkopf, errichtet und gilt als eines der eindrucksvollsten Beispiele der Görlitzer Frührenaissance. Die zweigeschossige Fassade besteht aus einem Band von 4 Fenstern über zwei großen Arkadenbö-

Archivflügel im Rathaushof

Portal Untermarkt 8

gen. Typisch für Roßkopfs Arbeiten sind die hier deutlich sichtbaren, auf einem Kämpferstück basierenden, Bögen und Pilaster und die von den Pilastern überschnittenen Archivolten. Das Motiv des Medaillons in Pilastern und Bogenzwickeln findet sich hier genauso wie in vielen anderen Bauten Roßkopfs. Besondere Gestaltungsmerkmale sind das lombardische Flechtband in den Spiegeln der Pilaster und die Diamantzier des Hauptgesimses.

Um einiges gröber ist die Gestaltung des Gerichtserkers, den Sie an der Südseite des Rathaushofes sehen können. Er wurde 30 Jahre nach dem Archivflügel, 1564, von einem Sohn Wendel Roßkopfs gebaut.

Hochinteressant, leider für Besucher nur selten zugänglich, ist die Architektur des „Kleinen Ratssitzungssaales“, dessen Fenster Sie im 1. Obergeschoss der Nordfassade des Hofes finden. Die Innenarchitektur dieses Raumes geht auf die Jahre 1564-66 zurück. In dieser Zeit entstand die Wandtäfelung mit ihrer durch kannelierte Pilaster gegliederten Fläche, die Täfelung der Decke und vor allem das hölzerne Portal mit einer Vielzahl von antiken Formenzitaten.

Gerichtserker (1564)

Jahreszahlen Gerichtserker und Archivflügel

Untermarkt 4 ("Goldener Baum"), Schlesisches Museum zu Görlitz

Wieder auf dem Untermarkt angekommen, fallen auf dessen Südseite zwei weitere Renaissancebauten ins Auge.

Das Gebäude Untermarkt 4 (Schlesisches Museum) gehört wie seine Nachbarhäuser zu den bedeutenden Hallenhäusern der Stadt, die die Baugeschichte mehrerer Jahrhunderte auf verhältnismäßig engem Raum repräsentieren. Über den beiden Lauben im Erdgeschoss mit ihren weiten Kreuzgratgewölben und Spitzbögen erhebt sich die Renaissancefassade, die das Baudatum 1538 trägt und Wendel Roßkopf zugeschrieben wird. Die jeweils 2 gekoppelten Fenster werden von fachwerkartig angeordneten Gesimsen und kannelierten Pilastern eingefasst. Das Renaissanceportal unter den Lauben des Hauses findet in seiner Art in Görlitz keine Parallele. Im Erdgeschoss des Gebäudes ist eine Eingangshalle aus der Zeit der Renaissance erlebbar. Ein Blick durch den in den Hof führenden Durchgang erlaubt Ihnen einen Eindruck von der enormen Tiefe des Objektes. Über die Treppe rechts neben dem Durchgang gelangt man in die Zentralhalle, die im 1. Obergeschoss beginnt und alle Geschosse des Hauses miteinander verbindet. Sie wird nach oben von einem Netzrippengewölbe abgeschlossen und ist in ihrer Formensprache der Spätgotik zuzuordnen. In den Obergeschossen sind mehrere bemalte Holzbalkendecken erhalten, die Sie während eines Besuches im Museum besichtigen können.

Haushalle Untermarkt 4

Portal Untermarkt 4

Südseite des Untermarktes mit den Gebäuden Untermarkt 3, 4 ("Goldener Baum"), 5 ("Frenzelhof") und "Schönhof"

Schlesisches Museum zu Görlitz

Geschichte und Kultur Schlesiens auf 2000 m² Ausstellungsfläche

Wertvolle Renaissancearchitektur, schlesische Geschichte und modernes Ausstellungsdesign sind seit Mai 2006 im Schönhof zu erleben. Der Gebäudekomplex wurde nach umfangreichen Bau- und Restaurierungsarbeiten zum neuen Domizil des Schlesischen Museums. Der historische Schönhof am Untermarkt und das dahinter liegende Mittelhaus aus dem 19. Jahrhundert laden zu einem Ausstellungsrundgang auf 2000 m² Fläche ein. Der dritte Gebäudeteil am Fischmarkt bietet den Raum für Sonderausstellungen und Veranstaltungen.

In der Dauerausstellung präsentiert das junge Museum seine Sammlung schlesischen Kulturgutes : Malerei und Plastik, Kunsthandwerk aus fünf Jahrhunderten sowie Dokumente und Gegenstände aus dem Alltagsleben. In diesem Museum können Sie die wechselhaften Schicksale Schlesiens verfolgen, eines Landes, das im Laufe seiner Geschichte polnisches Herzogtum, Nebenland der böhmischen Krone, preußische Provinz und Teil des Deutschen Reichs war und jetzt mit dem überwiegenden Teil seines Territoriums zu Polen gehört.

Trinkschiff, Breslau, um 1600

Fotografien:
Schlesisches Museum zu Görlitz / J. Stekovics

Schlesisches Museum zu Görlitz
Untermarkt 4, Brüderstraße 8
Post: PF 300 461, 02809 Görlitz
Tel.: 03581/8791-0, Fax: 03581/8791-200
www.schlesisches-museum.de
Öffnungszeiten: Di–So 10–17 Uhr

Auch das Gebäude Untermarkt 2 gehörte ursprünglich zu den Besonderheiten der Görlitzer Renaissance. Diese für Görlitz spezielle Art der Fassadengliederung findet sich an keinem anderen der Bürgerhäuser der Stadt. Eine inschriftliche Datierung weist auf das Jahr 1525, also auf den Wiederaufbau nach dem Stadtbrand dieses Jahres. Vermutlich war die bis heute erhaltene Säulenstellung des 2.Obergeschosses der untere Teil eines entsprechend gegliederten Renaissancegiebels. In der Rundbogennische des oberen Geschosses stand ursprünglich eine vergoldete Merkurfigur, welche die Jahreszahl 1533 trug. Leider konnten wegen ihres schlechten Bauzustandes die originalen Decken des Hauses und die gesamten südlichen Hausbereiche nicht erhalten werden.

Rekonstruktionszeichnung Untermarkt 1 (Stadtplanungsamt Görlitz, F. Heppert)

Links neben diesem Haus, dort wo sich heute keine Lauben mehr befinden, stand bis zur Verbreiterung der Weberstraße im 19.Jh. ein prächtiger Renaissancepalast. Von seiner Größe und seiner reich verzierten Fassade zeugen nur noch wenige Zeichnungen. Bis in das 19.Jh. galt dieses Haus als herausragendes Beispiel der Spätrenaissance der Stadt und war der Sitz der berühmten Görlitzer Familie Emmerich (Georg Emmerich, Heiliges Grab).

"Waage", Untermarkt 14

Gegenüber, am östlichen Ende der mittigen Bebauung des Untermarktes (sog. „Zeile“), befindet sich die „Waage“. In diesem Gebäude wurden die in der Stadt eintreffenden Waren registriert, bewertet und verzollt. Aufbauend auf ein spätgotisches Untergeschoss entstand

Büstenkonsolen der “Waage”; gotisches Portal

"Waage" (Untermarkt 14)

hier um 1600 ein äußerlich schlichtes Renaissancegebäude. Bestimmend für die Fassade sind die dem Erdgeschoss vorgesetzten Säulen mit ihren ionischen Kapitellen und den Büstenkonsolen. 3 der Büsten sind konkrete Bildnisse: die Figur mit dem Zirkel stellt Jonas Roßkopf, den Baumeister des Hauses und Nachfahren Wendel Roßkopfs, die Figur mit der Kelle den Maurermeister Elias Ebermann und die mit dem Gewicht den Waagemeister Andreas Alert dar. Die anderen Figuren sind Phantasiegestalten. Im Inneren das Hauses sind ein nahezu das gesamte Erdgeschoss überspannendes spätgotisches Gewölbe und in den Obergeschossen mehrere bemalte Holzbalkendecken erhalten.

Wandschrank im 1.Obergeschoss

Beispiele der bemalten Holzbalkendecken im 1. und 2. Obergeschoss

Schlusssteine des Gewölbes im Erdgeschoss

Eines der meistbesuchten Görlitzer Renaissancehäuser befindet sich in Sichtweite von der Waage auf der Neißstraße – das „Biblische Haus". Die Fassade dieses Gebäudes verkörpert die reifste architektonische Leistung der Hochrenaissance in Görlitz. Der Name „Biblisches Haus" erklärt sich leicht durch die in den Brüstungsfeldern des 1. und 2. Obergeschosses befindlichen Reliefs, die Szenen aus dem Alten und dem Neuen Testament zeigen.

Nachdem 1525 die gesamte Neißstraße und der südliche Teil des Untermarktes abgebrannt waren, erwarb der Weimarer Waidhändler Hans Heinze 1570 das Gebäude und baute es in den folgenden 2 Jahren grundlegend um.

Man kann davon ausgehen, dass das Gebäude damals noch einen Giebel trug, der möglicherweise ähnlich verziert war wie der untere Teil der Fassade. Aber nicht nur die Reliefs, auch die übrige reiche Gliederung der Fassade machen das „Biblische Haus" zu einem der bedeutendsten Ergebnisse der deutschen Renaissance. Heute gibt es kaum noch vergleichbare Objekte in unserem Sprachraum. Die

Portal

Säulendetail

Portaldetail Archivolte

Biblisches Haus (Neißstraße 29)

Jahreszahlen 1570 an der Fassade und 1572 an einem inneren Portal

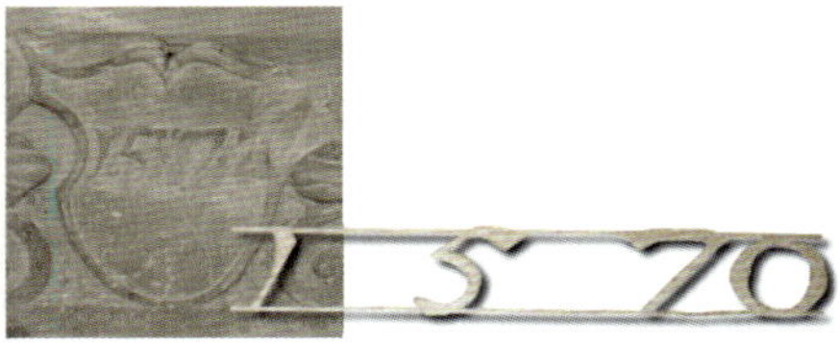

Motive der Reliefs in den Brüstungsfeldern des 2.Obergeschosses - Neues Testament:

Anwendung so feingliedriger Reliefs für die Gestaltung der Gesimse und die Gliederung der Pilaster ist für Görlitz ein Einzelfall geblieben. Besonderes Augenmerk legte der Baumeister auch auf die Gestaltung des Portals. Die beidseitig vorstehenden Säulen mit ihren Kompositkapitellen sind, wie auch die Kehlen der Laibungen, mit flachen Reliefs (Arabesken) überzogen. Der Torbogen ist nicht mehr, wie bis dahin in Görlitz üblich, mit quadratisch eingefassten Blüten verziert, sondern trägt ein durchgängiges Akanthusmotiv. Der Gaffkopf an der Stelle des Schlusssteines ist in ähnlicher Form bereits 14 Jahre früher am Portal des Rathauses (Untermarkt 8) eingefügt worden.

Marias Verkündigung
Geburt Jesu
Jesu Taufe
Heiliges Abendmahl
Jesu Kreuzigung

Motive der Reliefs in den Brüstungsfeldern des 1.Obergeschosses - Altes Testament:

Erschaffung Evas
Sündenfall
Isaaks Opferung
Moses Gesetzgebung
Moses Schlangenerhöhung

Unter dem Traufgesims befinden sich Darstellungen der christlichen und weltlichen Tugenden, deren Bedeutung bisher noch nicht für jedes der Reliefs geklärt werden konnte.

Im Inneren folgt die Raumkomposition der Tradition des Görlitzer Hallenhauses. Trotz vieler Umbauten und Veränderungen ist sie noch sehr gut erkennbar. In einigen Bereichen wurden während der Bauforschungs- und Rekonstruktionsarbeiten auch die älteren Ursprünge des Hauses sichtbar.

Bestandteil eines der Vorgänger des „Biblischen Hauses“ ist z.B. der „Ein-Stützen-Saal“ im Erdgeschoss. Unmittelbar darüber fanden die Bauforscher unter der vorhandenen Dielung einen mittelalterlichen Stampflehmboden. Er gehörte, wie die Befunde nach und nach ergaben, zu einer Blockstube, die sich ursprünglich an der Stelle des jetzigen Renaissancesaales befand.

Auf die gotische Zeit des Gebäudes verweist übrigens auch ein Brüstungsfeld aus filigran behauenem Sandstein, welches bei Umbauarbeiten Anfang des 20. Jahrhunderts geborgen wurde und heute im Kaisertrutz zu bewundern ist.

Eingangshalle

Zentralhalle

Der Zugang zum “Ein-Stützen-Saal” befindet sich hinter der Treppe zum Obergeschoss.

Renaissancesaal im 1. Obergeschoss
Detail der Holzbalkendecke

Alle Holzbalkendecken des 1. und 2. Obergeschosses stammen, so besagen dendrochronologische Untersuchungen, aus der Bauphase der Jahre 1570-72. In barocker Zeit wurden die Decken übermalt und später mit Schalungen verkleidet, verputzt und mit Stuck versehen. Die Decke des Renaissancesaales wurde, nach dem Entfernen später eingezogener Trennwände, von den Restauratoren freigelegt und mit Hilfe modernster Techniken restauriert. Auf diese Weise ist der ursprüngliche Zustand der Renaissancedecke wieder erlebbar. Die anderen Decken des Gebäudes wurden in ihrem barocken Zustand saniert.

Untermarkt 23, Untermarkt 24 ("Ratsapotheke")

Zurück auf dem Untermarkt erkennen Sie auf der Nordseite des Platzes 2 weitere große Renaissancehäuser. Das Gebäude mit dem mehrgeschossigen Volutengiebel trägt die Nummer 23 und geht in seiner heutigen Erscheinung auf das Jahr 1536 zurück. Das Portal wurde erst bei den Sanierungsarbeiten im Jahr 2000 endgültig freigelegt und ergänzt. Hier finden sich viele der in der Görlitzer Renaissance typischen Gestaltungsmerkmale, wie z.B. die Medaillons in den Spiegeln der Gewände und in den Zwickeln und das ursprünglich aus der Gotik stammende Motiv der Kreuzblume (in diesem Beispiel geometrisch und verhältnismäßig flach als Rosettenstand, im Gegensatz zum gotischen Vorgänger am Portal des Nachbarhauses - Flüsterbogen). Ursprünglich trugen alle Häuser des Untermarktes solche oder ähnliche Giebel. Erhalten ist er leider nur an wenigen.

Zentralhalle

Portal

Maskenkonsole (1531)

Untermarkt 23, Untermarkt 24 ("Ratsapotheke")

Im Inneren des Hauses wurde im Zuge der Sanierungsarbeiten die Haushalle, die im Laufe des 19. Jh. durch eingezogene Decken und Wände verbaut worden war, wieder frei gelegt. Die neu errichtete Treppenanlage verbindet in der Art der historischen Vorbilder alle von der Halle abzweigenden Wohnungszugänge miteinander.

Das Nachbargebäude Untermarkt 24 zählt neben „Schönhof“, „Goldenem Baum“ und „Biblischem Haus“ zu den architektonisch bedeutendsten Objekten der Görlitzer Altstadt. Es wurde vor 1550, ausgehend von einem gotischen Vorgängerbau, errichtet. Auch hier sind die Renaissancegiebel (1552 datiert) erhalten, nur dass sie in Richtung Peterstraße ausgerichtet sind und diesmal nicht zum Platz zeigen. Der Giebel der Platzseite wurde bereits in barocker Zeit abgetragen.

Die Fenster der Fassade Peterstraße zeugen von einer langen Zeit der Nachwirkung der gotischen Formen. Unschwer als Renaissancefenster einzustufen, zeigen sie doch in ihren Gewänden noch das Motiv der gotischen Stäbung. Um vieles konsequenter wurde von dem Baumeister die Platzfassade mit den Formen der Renaissance gestaltet. Gemeinsam mit dem Erker weist diese Fassade eine Vielzahl von Parallelen zum äußeren Erscheinungsbild des „Schönhofes“ auf.

Das Renaissanceportal war lange Zeit verbaut und wurde erst bei den Restaurierungsarbeiten 1999 endgültig wieder freigelegt. Über dem Portal erinnert eine Gedenktafel an den Arzt und Gesundheitserzieher Ch. A. Struve, der die damals in diesem Haus befindliche Ratsapotheke zeitweise betrieb. Die Korbbögen zu beiden Seiten des Portals stehen in Verbindung mit einem Umbau des Erdgeschosses im Jahr 1771.

Besonders auffällig ist die ehemalige Ratsapotheke wegen ihrer beiden Sonnenuhren an der südlichen Fassade. Sie

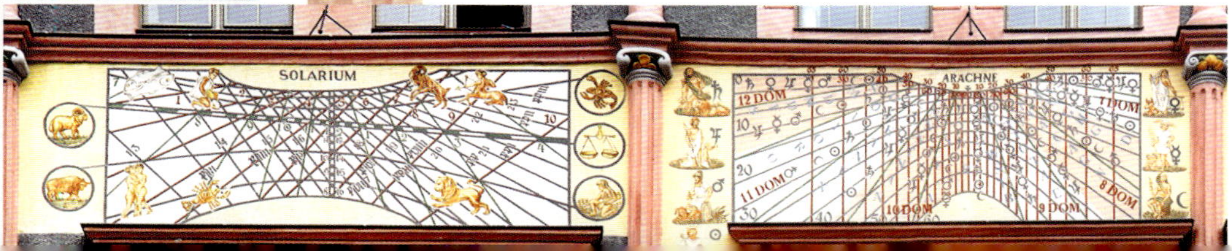

wurden 1550 von Zacharias Scultetus geschaffen. Die linke der beiden Uhren, als „Solarium“ überschrieben, zeigt mit ihren diversen Linien verschiedene Arten von Stunden an. Die Radialen, welche zum Fuß des Schattenzeigers weisen, verdeutlichen die gleichlangen „bürgerlichen“ Stunden. Die antiken (arabische Ziffern) wie auch die bürgerlichen (römische Zahlen in Fraktur) Stunden der italienischen Uhr beschreiben die von links oben nach rechts unten verlaufenden Linien. Die roten Linien zeigen die nordischen oder auch babylonischen Stunden an.
Die radial verlaufenden Linien der benachbarten „Arachne“ (griech. Spinne) ermöglichen das Ablesen der Planetenstunden, aufbauend auf der Zuordnung der Planeten zu den einzelnen Wochentagen. Die roten und weißen Flächen symbolisieren die „Sonnenhäuser“, also die mit Sternkreiszeichen belegten Himmelsabschnitte. Die quer verlaufende Gruppe von Parabeln zeigt den jahreszeitabhängigen Anstieg der Sonne an. Durch die senkrechten roten Linien wird der Winkel zwischen der jeweiligen Himmelsrichtung des Sonnenstandes und der exakten Südrichtung ablesbar.

Auch im Inneren bietet das Gebäude einige Besonderheiten. Die beiden Portale aus Gotik und Renaissance, die Sie in den Räumen des Cafés finden, sind nur ein kleiner Teil der Schätze, die das Haus vor dem Spaziergänger verbirgt. Im 1.Obergeschoss sind 2 Räume mit ihrer Renaissanceausstattung erhalten. Der Eckraum mit dem Erker besitzt noch eine vollständige bemalte Holzbalkendecke aus der Bauzeit um 1550. Dazu gehören die in Görlitz häufig anzutreffenden Säulen in der Fensterfront und mehrere Fragmente von Wandbemalungen. Die Fenster des benachbarten Raumes sind ebenfalls mit einer Säule und mit Fragmenten von Wandbemalungen verziert. Beide Räumlichkeiten sind übrigens für Konferenzen mietbar. Nähere Informationen erhalten Sie an der Rezeption des „Hotel Börse“ unmittelbar gegenüber, in der Mitte des Untermarktes.

Renaissancesaal, Ausschnitt der Holzbalkendecke

Peterstraße 17, "Handwerkerey"

Wenn Sie Ihren Blick von der Ratsapotheke nach rechts wenden, haben Sie bereits die nächste erhaltene Renaissancefassade vor Augen. Das Gebäude Peterstraße17 wird etwa auf das Jahr 1560 datiert. Die Gliederung der Fassade folgt dem Gestaltungsprinzip des „Schönhofes“, des „Goldenen Baumes“ und dem der Häuser Untermarkt 23 und 24 („Ratsapotheke“). Zwischen den Fenstern und seitlich derselben befindet sich je eine ionisierende Säule, die auf attischen Basen und Trommelpostamenten steht und deren Kanneluren im unteren Drittel mit Pfeifen besetzt sind. Fenster- und Brüstungszonen sind durch Gesimse friesartig zusammengefasst und im Bereich der durchlaufenden Vertikalen gekröpft. Die Sohlbank des 1. Obergeschosses fehlte lange Zeit und wurde nach dem Rückbau der Fenster auf ihre ursprüngliche Größe während der Sanierungsarbeiten 2001 wieder ergänzt. Die Fenster besitzen die für die deutsche Renaissance insgesamt typischen Faszien und zusätzlich eine beidseitige Kannelur. Man kann davon ausgehen, dass auch dieses Haus ursprünglich einen Giebel besaß, der diese Gestaltung bis in den Bereich des Daches fortsetzte. Die Rundbögen im Erdgeschoss gehen auf Veränderungen des 19. Jahrhunderts zurück.

Innen wurde das Haus häufig umgebaut. Trotzdem fand man bei der Sanierung in den oberen Geschossen bemalte Decken aus barocker Zeit.

Fassade Peterstr.17,
Holzbalkendecke 2. Obergeschoss

Filigran Handwerkerey

Empfehlenswert ist ein Besuch der "Handwerkerey" im Hof des Hauses. Hier können Sie zuschauen, wie geschnitzt, geklöppelt, geschmiedet und manchmal auch gedrechselt wird. Auf zünftige Art bemüht man sich hier, mittelalterliches Handwerk zu pflegen.

Wissen Sie, wie eine tragbare Sonnenuhr funktioniert? Hier können Sie es erfahren und selbst ausprobieren.

Zu den verschiedenen Stadtfesten im Laufe des Jahres wandelt sich die "Handwerkerey" zu einem mittelalterlichen Lager mit Lagerfeuer, rustikalen Speisen und natürlich Musik.

Untermarkt 25, Neues Rathaus, "Pilzläuben"

Rechts des eben beschriebenen Gebäudes können Sie bereits das nächste größere Renaissancegebäude sehen. Seine Lauben und eine ganze Reihe von Details im Inneren deuten auch hier auf eine ältere Baugeschichte als die der Renaissance hin. An dieser Stelle soll insbesondere auf eine erhaltene Maßwerkbrüstung in der Haushalle hingewiesen werden. Der Fachmann erkennt diese ältere Geschichte aber auch an der überlieferten räumlichen Situation.

Wie im „Biblischen Haus" verbergen auch hier barocke Stuckdecken ältere bemalte Holzbalkendecken der Renaissance. Deutlich ablesbar ist im 1.Obergeschoss auch die barocke Ergänzung eines gotischen Portals.

Eine für die Görlitzer Baugeschichte besondere Situation stellt das Hauptportal unter den Lauben dar. Vermutlich aus Platzgründen verzichtete man hier bei der Gestaltung des Einganges auf den Architrav.

Untermarkt 25
gotische Maßwerkbrüstung
Befund eines Aquamanils
Hauptportal unter den Lauben

Gegenüberliegend sehen Sie das "Neue Rathaus" mit seiner vermeintlichen Renaissancefassade. Bei diesem Gebäude handelt es sich um einen Bau aus den Jahren 1902/03, der sich in seiner Formensprache an den historischen Vorbildern orientiert.

1895 beschloss der Rat der Stadt eine erneute Erweiterung des Rathauses an der Stelle der alten "Pilzläuben" und im Bereich zwischen Jüden- und Helle Gasse. Es wurde hierfür ein Architekturwettbewerb ausgeschrieben, welcher auch drei Preisträger ergab. Gebaut wurde aber auf Beschluss der Stadtverordneten aus dem Jahr 1900 nach anderen Plänen, denen des Architekten Jürgen Kröger Wilmersdorf. Die Wappen zwischen den Fenstern des 1. Obergeschosses erinnern an die Städte des Sechsstädte-

Neues Rathaus

„Pilzläuben"

bundes, dem Görlitz seit seiner Gründung als Schutzbündnis gegen den räuberischen Landadel im Jahre 1346 angehörte. Das Görlitzer Wappen befindet sich im Giebel.

Entlang der Peterstraße können Sie auf Ihrem Spaziergang durch die Görlitzer Renaissance eine ganze Reihe weiterer Details dieser Zeit entdecken. Dazu gehören die Fassade Peterstraße 1, die Portale Peterstraße 9 und 10, die Fenster des Hauses Peterstraße 6 und natürlich am Ende der Straße die beiden einander gegenüberliegenden Gebäude Peterstraße 7 und 8.

Fenster und Nebeneingang Peterstraße 1

Portal Peterstraße 10 und Details dieses Portals

rechts oben: Fenster Erdgeschoss Peterstr. 7

Portale Peterstr. 8, Peterstr. 7. Peterstr. 9

Chronologisch geordnet gehört das Gebäude Peterstraße 8 an die zweite Stelle der Görlitzer Renaissancebauten. Es wurde 1528 (2 Jahre nach dem Schönhof) unter Wendel Roßkopf d.Ä. für den Bürgermeister und Kaufmann F. Schneider errichtet. Äußerlich folgt es dem Formenrepertoire Roßkopfs. Die zum Teil paarig angeordneten Fenster sind von kannelierten Pilastern mit entsprechenden Kapitellen, horizontalen Gesimsen und einer verkröpften Faszie gerahmt. Auch das Portal stellt alle Elemente der Görlitzer Frührenaissance zur Schau.

Im Inneren, obwohl zeitgleich errichtet, finden sich bemerkenswerte gotische Details. Insgesamt folgt das Haus noch dem bereits erläuterten Grundrissprinzip des Görlitzer Hallenhauses. Interessant ist das Gewölbe der Haushalle, welches als Schlingrippengewölbe ausgeführt ist und in Konstruktion und Gestaltung in dem Gewölbe des Wladislawsaales auf dem Prager Hradschin ein unmittelbares Vorbild hat. Wie bereits oben erwähnt, hat Wendel Roßkopf genau dort sein Handwerk erlernt.

Von der Haushalle erreicht man den obligaten Renaissancesaal (Zunftsaal), der noch heute mit einer Holzbalkendecke der Bauzeit ausgestattet ist. Eine weitere bemalte Decke befindet sich im Erdgeschoss, im Raum der Rezeption des Hauses.

Peterstr. 8: Decke der Rezeption im Erdgeschoss, Maßwerkfenster und das Schlingrippengewölbe der Zentralhalle

Gewölbe des Audienzsaales auf dem Prager Königsschloss, Gewölbe des Wladislawsaales

Peterstraße 7

Auch das gegenüberliegende Gebäude Peterstraße 7 wird dem Görlitzer Renaissancebaumeister Wendel Roßkopf d.Ä. zugeordnet. Es entstand aus sich entlang der Nikolaistr. erstreckenden und, dem Straßengefälle der Nikolaistraße entsprechend, in den Geschosslagen differenzierten Baukörpern. Die heute erlebbare Renaissancefassade mit ihrer schwarzen Putzquaderung und den erhabenen helleren Fugen (Sgraffito) und der Staffelgiebel (1895 entsprechend anderen Vorbildern in der Stadt aufgesetzt) wurden 1985 bei Restaurierungsarbeiten nach vorliegenden Befunden wiederhergestellt. Die Fassade in der Nikolaistraße geht auf barocke Befunde zurück.
Das Renaissanceportal ist auf das Jahr 1544 datiert. Ähnlich gestaltete Portale dieser Zeit sind außerdem an den Gebäuden Kränzelstraße 27 („Goldener Anker"), Untermarkt 23 und Brüderstraße 10 erhalten. Links neben dem Portal befindet sich noch ein spätgotischer Ladeneinbau.

Fassade Peterstraße 7
und deren gotischer Ladeneinbau

Auf der Suche nach der Görlitzer Renaissance werden Sie auch rund um die Peterskirche fündig. Zu den Gebäuden aus dieser Zeit gehören die Häuser Bei der Peterskirche 3, 9, Hainwald 7 und nicht zuletzt auch weite Teile des Waidhauses.

Fenster Hainwald 7, Bei der Peterskirche 9 , Jahreszahl Hainwald 7 , Fassade Bei der Peterskirche 3

Die Nikolaistraße beherbergt weitere Gebäude, die den Umfang und die Vielfalt der Görlitzer Renaissance demonstrieren. Zuerst begegnen Sie dem Gebäude Nikolaistraße 11 auf der rechten Seite der Straße. Es gehört zu den kleineren Handwerkerhäusern dieser Epoche, die bis heute erhalten sind. Wie viele andere ist auch dieses Haus gotischen Ursprungs. Dies belegen die noch vorhandenen Kellergewölbe aus dieser Zeit und die während der Restaurierung gefundenen Reste gotischen Mauerwerkes an der Straßenfassade. Deutlich zu erkennen ist das lasierte Kreuzmuster auf dem sichtbar gelassenen Ziegelmauerwerk. Die Renaissancegewände der straßenseitigen Fenster haben die Brände des 17. und 18. Jahrhunderts überstanden und sind original erhalten. Art und Farbe des Putzes beziehen sich auf einen Befund eines Renaissanceputzes aus dem 16. Jahrhundert, der oberhalb des gotischen Mauerwerkes sichtbar gemacht wurde. Im Inneren besitzt das Gebäude noch die für Görlitz typische Erdgeschosshalle und eine alle Geschosse verbindende hölzerne Wendeltreppe. In mehreren Räumen sind bemalte Holzbalkendecken des 18. Jahrhunderts erhalten.

Nikolaistraße 11

erdgeschossige Haushalle Nikolaistraße 11 und 2 der barocken Decken

Wesentlich markanter ist das linke Nachbargebäude, Nikolaistraße 10, insbesondere durch sein prächtiges Rundbogenportal aus dem Jahr 1583. Die stark plastisch gestaltete Archivolte, die Gewände mit ihren Sitzflächen, die beiden Baldachinfiguren (hier Glaube und Gerechtigkeit) und die mit Akanthuslaub symmetrisch verzierten Zwickel folgen den Merkmalen der ausgehenden Renaissance in Görlitz. Der von einem Engel gehaltene Schlussstein trägt die Beschriftung A.B. (Adam Berger) und die Jahreszahl 1583. Im Architrav befindet sich folgende Inschrift: „Juste, quod justum est, persequeris, ut vivas et possideas terram, quam dominus deus tuus dederit tibi" = „Was recht ist, dem sollst du nachjagen, auf dass du leben und einnehmen mögest

Nikolaistraße 10

Nikolaistraße 5,10

das dir der Herr, dein Gott, geben wird (aus dem 5. Buch Moses).

Nach dem Brand von 1717 entstand das Haus aus der Vereinigung zweier benachbarter Hauseinheiten und wurde ab dem 1. Obergeschoss barock erneuert. Im Erdgeschoss sind weitere Renaissancedetails der ursprünglichen Fassaden erhalten.

Portal Nikolaistraße 10, Erdgeschossfenster, Erker (u.)

Schräg gegenüber finden Sie ein weiteres der großen Portale dieser Epoche. Wie bei den unteren Fenstern des Hauses Nikolaistraße 10 kann man auch hier deutlich die Veränderung des Straßenniveaus erleben. Der Anker im Schlussstein des Portals weist auf die ursprüngliche Hausbezeichnung: „Zum silbernen Anker". Im Keller dieses Hauses (Nikolaistraße 5) befindet sich das jüdische Bad, eine mittelalterliche Badestelle der Görlitzer Juden. Auf Anfrage in der benachbarten Gaststätte „Destille" können die Kellerräume besichtigt werden.

Portal Nikolaistraße 5, Portaldetail der linken Laibung

Einmal am Nikolaiturm angekommen, lohnt es sich, einen kleinen Abstecher in die Nikolaivorstadt zu machen. Waren es bisher in der Regel die großen Patrizierhäuser, die im Zentrum der Aufmerksamkeit standen, so können Sie hier mehrere Handwerkerhäuser sehen, die ihre Renaissancefassaden zur Schau tragen. Der Spaziergang beginnt in der Bogstraße und setzt sich auf dem Steinweg fort.

Bogstraße 19/20

Steinweg

Steinweg 4/5

Fenster Steinweg 39

Obermarkt 32, Brüderstraße 16

Portal Obermarkt 32

Fenster Obermarkt 33

Bedeutend für die Görlitzer Renaissance waren natürlich auch die Gebäude der Brüderstraße. Vorbei an einem einzelnen Portal des Hauses Obermarkt 32 (Ecke Brüderstraße) führt der Weg zum Haus Obermarkt 33.

Zu diesem Gebäude gehört das Renaissancehaus mit dem Durchgang zum Klosterplatz. Es wurde im Zusammenhang mit den Aufbauarbeiten nach dem Stadtbrand 1525 errichtet. Aus dieser Zeit sind der mit einer Spitztonne überwölbte Durchgang und das 1. Obergeschoss erhalten. Die Fenster dieses Geschosses tragen noch die typischen Merkmale der Görlitzer Frührenaissance.

Wappen Obermarkt 32

Sehenswert ist auch das Gebäude Brüderstr.16, ein viergeschossiger Renaissancebau aus dem 2.Viertel des 16.Jahrhunderts. Das Portal stammt aus dem Jahr 1566 und trägt trotzdem noch deutliche Merkmale der zurückliegenden Spätgotik. In der Erdgeschosshalle befindet sich eine szenisch bemalte Holzbalkendecke mit einer Kaseinmalerei aus den letzten Jahren des 17. Jahrhunderts. Sie erzählt die Jonasgeschichte und ist mit Akanthuswerk verziert. Diese Decke wurde beim Abbruch des Gebäudes Rathausstr.9 geborgen und hierher umgesetzt.

Fassade, Portal und Detail Brüderstr. 16

Der Rundgang durch die Renaissance schließt sich mit den Gebäuden Brüderstraße 11 und 10.

Das Hallenhaus Brüderstraße 11 ist geprägt durch eine typisch Roßkopf´sche Fassade mit ihrer waagerechten Gliederung in Fensterbänder und den zwischen den Fenstern befindlichen Pilastern, wie sie an vielen anderen Bauten Wendel Roßkopfs zu finden sind. Das Haus ist auf das Jahr 1547 datiert und damit eines der letzten Werke, die uns Roßkopf hinterlassen hat. Deutlich ist in dem rechten Zwickel des Portals sein Monogramm und die Jahreszahl zu erkennen. Der gebogene Architrav stellt im Reigen der Görlitzer Renaissanceportale eine Besonderheit dar.

Trotz vieler Umbauten der nachfolgenden Bauepochen sind im Inneren des Hauses die Zentralhalle und vor allem der Renaissancesaal erhalten. Er gehört zu den schönsten und vollständigsten der Görlitzer Altstadt.

Portal Brüderstr. 11

Renaissancesaal 1. Obergeschoss und Details der Decken- und Wandbemalung

Monogramm Roßkopfs, Fassade Brüderstraße 11

Portal Brüderstraße 10,
Säule des ehem.
Renaissancesaales

Brüderstraße 10, Kränzelstraße 27 ("Goldener Anker")

Ein wenig schlichter zeigt sich das benachbarte Gebäude Brüderstraße 10. Wie viele andere Gebäude war es im Laufe der Zeit immer wieder Veränderungen unterworfen. Erlebbar sind bis heute die wesentlichen Bestandteile der Renaissancefassade und eine reich verzierte Säule des ehemaligen Renaissancesaales im 1. Obergeschoss. Als Bauzeit für dieses Haus werden die Jahre um 1570 angenommen.

Das Portal des Hauses gehörte ursprünglich zu dem Gebäude Peterstraße 11 und wurde vor dessen Abbruch geborgen und hier wieder eingesetzt. Es ist auf etwa 1530/40 datiert.

Wieder am Schönhof angekommen, schließt sich der Rundgang durch die Renaissance der Görlitzer Altstadt. Die Beschreibung von Gebäuden dieser Bauepoche wäre aber unvollständig, ohne wenigstens auf das Gebäude Kränzelstraße 27 einzugehen, welches sich, ein wenig abgelegen, am Rand der Altstadt befindet.

Das unter der Bezeichnung „Zum Goldenen Anker" bekannte Gebäude ist ein großer Renaissancebau aus den Jahren 1540/45. Deutlich kann man bereits an der Gliederung der Fassade erkennen, dass es sich hier um zwei zu dieser Zeit vereinigte schmalere Häuser handelt. In dem rechten der mittelalterlichen Vorgängerbauten existiert noch heute eine Hauskapelle mit reichen Wandmalereien (1. Hälfte 15. Jh.) erhalten.

Im Inneren sind bis unter das Dachgeschoss gewölbte Räume erhalten. Die vielen liebevoll sanierten barocken Details stammen von einem grundlegenden Umbau im Jahr 1730.

Fassade Kränzelstr.27,
Wandmalerei der
Hauskapelle
im 1. Obergeschoss
des rechten Hausteiles

Jazztage in Görlitz
jedes Jahr Ende Mai

Programm und Termine: **www.jazztage-goerlitz.de**

cool

Die Jazztage Görlitz verbinden Konzerterlebnisse unterschiedlicher Stilarten des Jazz mit dem Erlebnis außergewöhnlicher Stadträume und Architektur einer fast tausendjährigen Stadt.

Die Jazztage bauen Brücken über Grenzen:
- zu Musikern und Besuchern der östlichen Nachbarländer
- zu stilistischen Nachbarn des Jazz wie Klassik, Folk, Rock, Funk, Pop
- zu neuen Zielgruppen jenseits eingeschworener Jazzfans

jährlich seit 1996

JAZZTAGE GÖRLITZ

hot

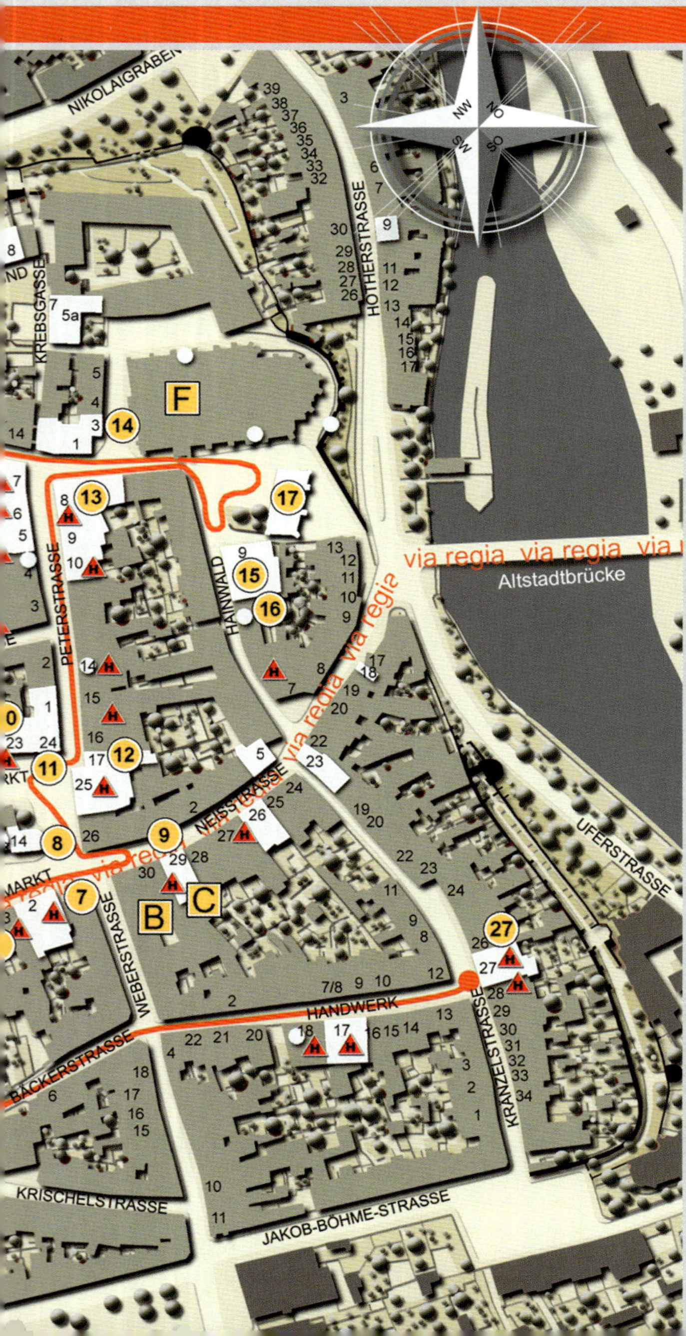

1	Brüderstraße 8 ("Schönhof")
2	Rathaustreppe
3	Rathausturm / Uhren
4	Rathaus Untermarkt 8
5	Rathaushof
6	Untermarkt 4 ("Goldener Baum")
7	Untermarkt 1
8	Untermarkt 15 ("Waage")
9	Neißstraße 29 ("Biblisches Haus")
10	Untermarkt 23
11	Untermarkt 24 ("Ratsapotheke")
12	Peterstraße 17 ("Handwerkerey")
13	Peterstraße 8
14	Bei der Peterskirche 3
15	Bei der Peterskirche 9
16	Hainwald 7
17	Waidhaus
18	Nikolaistraße 11
19	Nikolaistraße 10
20	Nikolaistraße 5
21	Bogstraße 19/20
22	Steinweg
23	Obermarkt 32
24	Brüderstraße 18
25	Brüderstraße 16
26	Brüderstraße 11/10
27	Kränzelstraße 27

H Hallenhäuser

Orientierungshilfen

A	Rathaus / Rathaustreppe
B	Kulturhistorisches Museum Görlitz Neißstraße 30
C	Biblisches Haus
D	Information
E	Dreifaltigkeitskirche
F	Peterskirche

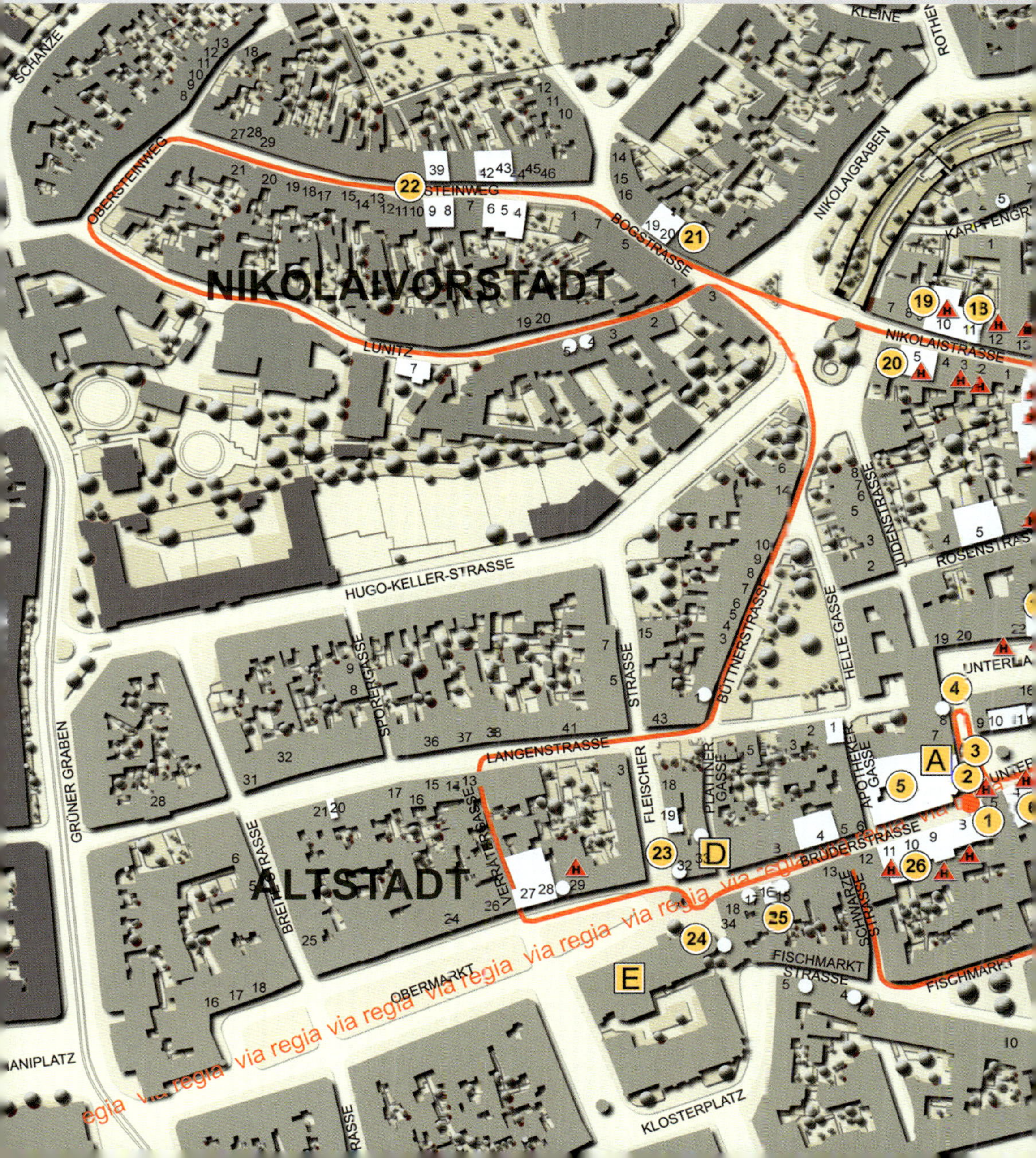
NIKOLAIVORSTADT
ALTSTADT
SCHANZE
OBERSTEINWEG
STEINWEG
BOGSTRASSE
KLEINE
ROTHEN
NIKOLAIGRABEN
KARPFENGR
NIKOLAISTRASSE
LUNITZ
HUGO-KELLER-STRASSE
JUDENSTRASSE
ROSENSTRAS
HELLE GASSE
BÜTTNERSTRASSE
STRASSE
UNTERLA
SPORERGASSE
LANGENSTRASSE
FLEISCHER
PLATTNER GASSE
APOTHEKER GASSE
BRÜDERSTRASSE
GRÜNER GRABEN
BREITE STRASSE
VERRÄTERGASSE
SCHWARZE STRASSE
FISCHMARKT STRASSE
FISCHMARKT
OBERMARKT
KLOSTERPLATZ
ANIPLATZ
RASSE
via regia

JAZZ Tage Görlitz

Görlitz während des Barock

Absolutistischer Einfluss aus Sachsen

Die Gebäude der barocken Epoche in der Stadt Görlitz, der Adel kehrt zurück

Görlitzer Christkindelmarkt

Weihnachten, ein Fest für alle Sinne!

www.goerlitz.de

Nach einem alten Brauch wird der Görlitzer Christkindelmarkt vom Christkindel und vom Oberbürgermeister der Stadt eröffnet. Schlesische Lichtzepter glänzen am Eingang zum Markt, auf dem weihnachtlich geschmückte Hütten, von festlich beleuchteten Lauben umgeben, zum weihnachtlichen Bummel einladen.

Viele Händler, Handwerker und Gastronomen aus Deutschland, Polen und Tschechien freuen sich auf Ihren Besuch und wollen Sie in die rechte Vorfreude versetzen. Eine abwechslungsreiche kulturelle Umrahmung soll ebenfalls dazu beitragen.

Christkindelmarkt

Der Görlitzer Christkindelmarkt inmitten der Altstadt zwischen festlich beleuchteten Lauben! Das ist ein kleiner historischer Markt, der Ihnen die frohe und festliche Stimmung geben kann, die auf den Heiligen Abend vorbereitet.

"Hotel Börse", Untermarkt 16, von Rodewitz

Während des frühen 18. Jahrhunderts erlebte die Stadt Görlitz noch einmal eine kurze Blütezeit, die 1733 jäh durch ein Revisionsverfahren des sächsischen Kurfürsten endete. In dieser nur wenige Jahre umfassenden Epoche entstanden, auch initiiert durch 3 große Stadtbrände (1691, 1717, 1726) und die dadurch bedingte Notwendigkeit des Wiederaufbaus, eine Reihe von bemerkenswerten barocken Bauten. Rund um den Untermarkt sind wichtige Gebäude dieser Zeit erhalten. Beginnen wir unseren Spaziergang auf der Nordseite des Untermarktes vor dem "Hotel Börse" (Untermarkt 16).

Ansicht "Hotel Börse", Untermarkt 16

Bereits zu Beginn 14. Jahrhunderts wird in den alten Stadtbüchern an dieser Stelle ein Markthaus erwähnt, welches um 1700 aus mehreren Verkaufsstellen bestand. 1706 wurden diese abgebrochen und durch einen Neubau ersetzt, der in den Büchern dieser Zeit als „Neues Kaufhaus", „Börse" oder „Kommissionshaus" geführt wird. Das nun barocke Gebäude erhielt 1714, 8 Jahre nach dem Baubeginn, sein auffälliges Portal. Bemerkenswert ist die Giebelgruppe des Portals. Sie stammt aus der Hand von C. G. von Rodewitz, dem auch der barocke Altar der Dreifaltigkeitskirche und der Beichtstuhl im nördlichen Schiff der Peterskirche zugeschrieben werden.

Besondere Bedeutung gewann das Gebäude durch den Einzug der Milichschen Bibliothek, die 1784 hier untergebracht wurde. Im gleichen Jahr ergänzte man das Portal auch um die bis noch heute erhaltene Kartusche.

Giebelfiguren und
Kartusche des Portals

Untermarkt 3, Untermarkt 5 ("Frenzelhof"), Untermarkt 13, Neptunbrunnen

Auf der Südseite des Untermarktes sind gleich mehrere Zeugen barocker Baukunst in Görlitz erhalten. Jedes mal handelt es sich hier um Veränderungen vorher bereits bestehender, älterer Gebäude. So trägt zum Beispiel der bereits auf dem Spaziergang durch die Gotik beschriebene „Frenzelhof“ ab dem 1. Obergeschoss eine barocke Fassade. Tiefgreifender war der barocke Umbau am Haus Untermarkt 3. Hier findet man ein Portal aus dieser Zeit (1716) und mehrere, bereits von der Haushalle aus erkennbare Stuckdecken. Auch am gegenüberliegenden Gebäude Untermarkt 13 bereicherte man die Fassade um barocke Elemente, ohne die Fenstergewände der Renaissance zu beseitigen. Die figürliche Umrahmung der großen Kartusche des 1. Obergeschosses stellt Merkur und Fortuna dar. Unter dem geschwungenen Balkon ist das Wappen des damaligen Besitzers, des Seidenkrämers P. Christian Hilliger, zu sehen. Im Inneren des Hauses (2. Obergeschoss) befindet sich seit dem Umbau 1720 ein Saal mit reich verzierten Stuckdecken.

Barocken Ursprungs ist auch der 1756 durch J. G. Mattausch geschaffene Neptunbrunnen. Im Volksmund trägt er, Neptun, hier den Namen Gabeljürgen.

Untermarkt 13

Neptunbrunnen

Südseite des Untermarktes mit den Gebäuden Untermarkt 3, 4 und 5

Neißstraße 30 ("Barockhaus"), Kulturhistorisches Museum

Ganz besondere Bedeutung unter den Görlitzer Bauten des frühen 18. Jahrhunderts trägt das Gebäude Neißstraße 30 im Südosten des Platzes. Es wurde 1727-1729 für den reichen Leinwand- und Damastkaufmann Christian Ameis unter Leitung des Görlitzer Ratsbaumeisters Samuel Suckert erbaut. Die Besonderheit des Hauses ist der in Görlitz einmalige Haustyp. Es handelt sich um ein so genanntes „Durchhaus“ nach Leipziger Vorbild, mit zwei Höfen und Durchfahrt für Warenladungen. Um das geplante Gebäude zu realisieren, bezog man die Grundstücke Weberstraße 1 und Handwerk 2 in die Planung ein. Zugleich ist es auch das größte barocke Gebäude der Stadt. Bereits von weitem fällt das Portal mit seinem mächtigen, mit zwei Giebelfiguren und einer reich verzierten Kartusche ausgestatteten, Giebel auf. Die Inschrift in der Kartusche lautet: I.U.MUSEUM S.L.L.S. (In uno Museum Societatis Litterarum Lusatiae Superioris = Das ganze Gebäude möge eine Stätte für gelehrte Studien der Oberlausitzischen Gesellschaft der Wissenschaften sein). Sie wurde 1807 angebracht, als der damalige Besitzer, Karl Gottlob von Anton, das Haus der von ihm 1779 mit gegründeten Oberlausitzischen Gesellschaft der Wissenschaften schenkte. Seither befinden sich hier Bibliothek und Sammlungen der Gesellschaft; seit 1951 ist das Haus städtisches Museum.

Durchhaus
Mit dem Begriff „Durchhaus“ bezeichnet man einen Haustyp, der sich in der Handelsstadt Leipzig bereits sehr früh entwickelt hat. Dieser Haustyp ermöglicht durch seinen passagenartigen Charakter einen zügigen und effektiven Warenumschlag, in dem er über einen oder mehrere Höfe verschiedene Gebäude oder Gebäudeteile und im Stadtgrundriss gegenüberliegende Straßen miteinander verbindet. Einen Eindruck diese Haustyps vermittelt noch heute „Kretschmanns Hof“. Das einzige erhaltene barocke Durchhaus des 18. Jh. (1747-50) in Leipzig ist „Barthels Hof“. Er hat seinen Ursprung im Hof „Zur goldenen Schlange‘, dem ältesten Renaissancegebäude Leipzigs (1523!).

Zu den großen Leipziger Durchhöfen gehörte auch der in der Renaissance (1530-38) entstandene „Auerbachs Hof“ (heute an dieser Stelle die „Mädler Passage“ mit dem Auerbachskeller).

Kulturhistorisches Museum Görlitz

Barockhaus Neißstraße 30

Das Haus Neißstraße 30 ist seit 1951 Teil des heutigen Kulturhistorischen Museums. Kunst und Kultur des 16. bis frühen 19. Jahrhunderts werden hier präsentiert. Thematisch spannt sich der Bogen vom barocken Kaufmannshaushalt zum Sitz einer Wissenschaftsgesellschaft der Aufklärungszeit.
In den mit prächtigen Stuckdecken geschmückten ehemaligen Wohn- und Empfangsräumen sind Möbel, Gemälde, Skulpturen, Keramik und Glas des 17. und 18. Jahrhunderts ausgestellt. Sie führen die hohe Kultur in den Adelsherrschaften und in dem vor allem im Textilhandel erfolgreichen Bürgertum der Oberlausitz zur Zeit des Barock vor Augen. Eine Kunstkammer mit einem exquisiten italienischen Renaissancebild – eine „Sacra Conversazione" des oberitalienischen Meisters Marco di Palmezzano – und weiteren Kunstwerken des 16. Jahrhunderts sowie Kabinette mit erlesenem Kunsthandwerk verweisen auf die damals auch im Bürgertum erwachte Sammelleidenschaft. Schmuckstücke, Waffen, Porzellan und Kuriositäten gehören ebenso dazu wie ein reich intarsierter Breslauer Schrank mit raffinierten Details oder eine kleine Kollektion barocker Scherzgläser.

Museum und historischer Bibliothekssaal
Öffnungszeiten:
Dienstag bis Sonntag 10-17 Uhr,
Freitag bis 20 Uhr,
Montag geschlossen

Tel. 03581-671410
www.museum-goerlitz.de

Für die Besichtigung des Bibliothekssaales melden Sie sich bitte an der Museumskasse.

Barockes Handelshaus und Domizil der Oberlausitzischen Gesellschaft der Wissenschaften

Fotos und Text:
Kulturhistorisches Museum

Titelkupfer zu einer englischen Jakob-Böhme-Ausgabe, 18. Jh.

Kulturhistorisches Museum Görlitz

Barockhaus Neißstraße 30

Adolf Traugott von Gersdorf

Die kostbaren Sammlungen im Barockhaus Neißstraße 30 gehen in wesentlichen Teilen auf einen der bedeutendsten Gelehrten der Aufklärungszeit in der Oberlausitz zurück: auf Adolf Traugott von Gersdorf. Geboren 1744 in Niederrengersdorf bei Görlitz, erhielt er eine ausgezeichnete Schulbildung (u. a. am Görlitzer Gymnasium Augustum) und studierte an der Universität Leipzig. Er erbte die Güter Niederrengersdorf und Meffersdorf (heute Uniecice), wo er sich als erfolgreicher Ökonom profilierte. Vor allem aber widmete er sich seinen umfassenden naturwissenschaftlichen Forschungen. In Meteorologie, Physik mit Schwerpunkt Elektrizität, als Mineraloge und Geologe leistete er Pionierarbeit. So wurden z. B. erste Blitzableiter der Oberlausitz nach seinen Angaben aufgestellt. Auf zahlreichen Reisen und durch den Briefwechsel mit vielen Gelehrten erweiterte er sein Wissen ständig. 1779 gründete er mit Karl Gottlob Anton die Oberlausitzische Gesellschaft der Wissenschaften. Ihr vermachte er testamentarisch seine Sammlungen und seine Bibliothek. Sein Physikalisches Kabinett, seine Gesteinssammlung sowie auch Gemälde, Zeichnungen, aber auch verschiedene Gerätschaften und vor allem zahlreiche Manuskripte befinden sich seit 1807 im Barockhaus Neißstraße 30 als einzigartige Zeugnisse einer großen Persönlichkeit und eines ungewöhnlich vielseitigen Wirkens.

Barockes Handelshaus und Domizil der Oberlausitzischen Gesellschaft der Wissenschaften

Im ausgehenden 18. Jahrhundert begründete die 1779–1945 bestehende Oberlausitzische Gesellschaft der Wissenschaften universal ausgerichtete Spezialsammlungen, die seit 1807 im Haus Neißstraße vereint sind. Neben der historischen Bibliothek stellen das Physikalische Kabinett und die Mineraliensammlung, beide aus dem Besitz des Adolf Traugott von Gersdorf, die wertvollsten Sonderkollektionen dar. Im Physikalischen Kabinett sind mit mehreren Elektrisiermaschinen für unterschiedliche Anwendungen der Elektrizität einzigartige Zeugnisse der Wissenschaftsgeschichte erhalten.

Ein besonderer Schwerpunkt neben den aus Holland und England importierten Gerätschaften bildet darin der Bestand an „elektrischen Gemälden“ oder Lichtenbergischen Figuren. In der Mineraliensammlung stellen der „Görlitzer Montblanc“ und andere Alpenmodelle des späten 18. Jahrhunderts die Höhepunkte dar.

Eine bedeutende Sammlung ist zudem das Graphische Kabinett, das rund 60.000 Blätter Zeichnungen und Druckgrafik von Dürer bis zur Gegenwart umfasst. Darin nimmt das Kupferstich-Werk des großen Görlitzer Künstlers Johannes Wüsten (1806–1943) einen besonderen Platz ein. In mehreren stimmungsvollen Räumen sowie in Wechselausstellungen werden diese Schätze gezeigt. Ein eigener Ausstellungsbereich gilt zudem dem Leben und Schaffen des Philosophen und Theosophen Jacob Böhme (1575–1624). Das Augenmerk wird dabei auf das gesellschaftliche Umfeld Böhmes in Görlitz, der Oberlausitz und den angrenzenden Gebieten zwischen Reformation und Barockzeit gelegt.

Das Haus Neißstraße 30 beherbergt außer einem Teil des Kulturhistorischen Museums auch die Oberlausitzische Bibliothek der Wissenschaften, die diesen Namen seit dem Jahre 1951 trägt. Damals wurde die 1779 begründete Büchersammlung der Oberlausitzischen Gesellschaft der Wissenschaften mit der älteren so genannten Milichschen Stadt- und Gymnasialbibliothek vereinigt.

Fotos und Text: Kulturhistorisches Museum

l.: Selbstporträt J. Wüsten (Kupferstich 1930)
u.: Besteigung des Mont Blanc (Radierung v. Ch.v.Mechel, 1788)
r.: Porträt A.T. von Gersdorf

Oberlausitzische Bibliothek der Wissenschaften

Barockhaus Neißstraße 30

o:. Oberlausitzer Bibliothek der Wissenschaften (Saal)
m.: Mysterium Magicum
r.: Gründung der Oberlausitzschen Gesellschaft der Wissenschaften

Herzstück der heute als wissenschaftliche Regionalbibliothek fungierenden Einrichtung ist der historische Büchersaal im 1. Obergeschoss. In dem seit 1804 von der Gesellschaft genutzten Barockhaus Neißstraße 30 schloss man drei Räume zu einem Saal zusammen, wo dann ab 1807 die Bibliothek ihre Aufstellung fand. Große bogenförmige Bücherregale fügen sich seitdem zu dem eindrucksvollen Bild einer klassizistischen Kulissenbibliothek. Die BesucherInnen schreiten quasi unter den Triumphbögen des in Jahrhunderten angesammelten Wissens durch den Saal – bis in unsere Zeit eine äußerst beeindruckende, gleichermaßen praktische wie ästhetisch überzeugende Lösung.

Im 20. Jahrhundert sind die Sammlungsschwerpunkte Geschichte, historische Hilfswissenschaften und vor allem Regionalgeschichte sowie Landeskunde der Oberlausitz geworden.

Die Bibliothek verfügt heute über einen Bestand von ca. 120.000 Bänden, wovon rund 80 % aus der Zeit vor 1850 stammen. Darunter befinden sich zahlreiche Raritäten, frühe Drucke und Flugschriften aus dem 16. Jahrhundert, Handschriften sowie 3000 historische Karten und Atlanten.

Die Oberlausitzische Gesellschaft der Wissenschaften

Die Oberlausitzische Gesellschaft der Wissenschaften wurde am 21. April 1779 von Karl Gottlob Anton und Adolf Traugott von Gersdorf gegründet. Sie ist damit eine der ältesten regionalen Gelehrtengesellschaften Deutschlands. Es waren Vertreter des gebildeten Bürgertums und des aufgeklärten Adels, die sich zum Ziel gesetzt hatten, durch die Förderung der Wissenschaften das wirtschaftliche, kulturelle und wissenschaftliche Leben der Region systematisch zu entwickeln und das Lebensniveau der Bevölkerung, insbesondere der leibeigenen Bauern, nachhaltig zu verbessern. Tatsächlich gingen wesentliche Impulse in allen diesen Bereichen vom Wirken der Gesellschaft aus. Eigene Publikationen, Förderpreise sowie die dank Vermächtnissen der Gesellschaftsgründer umfassenden Sammlungen sowie die Bibliothek beförderten das kulturelle Leben nachhaltig. In den letzten Jahren des Zweiten Weltkrieges kam die Arbeit der Gesellschaft zum Erliegen. Symposien und Publikationen seit den 50er Jahren und die Pflege der Sammlungen bewahrten die Gesellschaft vor dem Vergessen, sodass sie 1990 neu begründet werden konnte. 2004 feierte sie ihr 225jähriges Bestehen. Heute gehören ihr ca. 170 Mitglieder aus dem In- und Ausland an. Neben der Erforschung der Geschichte der Oberlausitz sieht sie ihre Aufgabe, ähnlich wie in der Gründungsphase, in der Förderung der regionalen Entwicklung, durch Wissenschaftsaustausch auch mit Vertretern der Nachbarregionen Polens und Tschechiens.

Oberlausitzische Bibliothek der Wissenschaften
Lesesaal und Ausleihe;
Dienstag und Donnerstag 10–17 Uhr,
Freitag 10–13 Uhr
Tel. 03581-671350

Fotos und Text:
Kulturhistorisches Museum

Neißstraße 27, Neißstraße 24

Vorbei am bereits während des Renaissancespazierganges beschriebenen Biblischen Haus erreicht man das Haus Neißstraße 27, welches auch wesentliche Merkmale der barocken Bauepoche in Görlitz trägt. Es wurde nach dem Stadtbrand von 1726 von J. Gottlob Mitsching, einem kurfürstlichen Rentenschöffer, wieder aufgebaut. Ihm ist auch das Wappen über dem Portal zuzuordnen. Inschriftlich ist das Gebäude auf das Jahr 1728 datiert.

In diesem Haus befand sich das dienstälteste Brauhaus der Stadt. (Braurecht bereits seit 1225).1937 erlag das „Bürgerliche Brauhaus" der jahrelangen übermächtigen Konkurrenz der Görlitzer Aktienbrauerei. Diese erwarb das Gebäude und legte die Brauerei still.

Aus dem Jahr 1727 stammt das Haus „Zum Goldenen Apfel" (Neißstraße 24). Nach dem Stadtbrand von 1726 erneuerte der damalige Eigentümer, der Buchbinder und Chronist Christian Schäffer das beschädigte Gebäude, das im Kern ins 13./14. Jahrhundert zurückgeht. Vom mittelalterlichen Bau blieben wesentliche Teile erhalten, darunter eine gotische Schulterbogentür im Erdgeschoss.

Im 15./16. Jahrhundert zum Hallenhaus ausgebaut, blieb im Innern mit der großzügigen Haushalle und dem Saal das Raumgefüge der Renaissance bewahrt. Aus dem 17. und frühen 18. Jh. stammen bemalte Balkendecken mit floralen Motiven und Marmorierung, 1727 entstanden schlichte Stuckdecken. Die Fassaden des Vorderhauses zeigen die 2003 restaurierte Fassung von 1727 mit rustiziertem Sockelgeschoss, symmetrischer Pilastergliederung und regelmäßigen Fensterachsen. Die Zweifarbigkeit der Wandflächen

Neißstr. 27
Fassade,
Haushalle

Neißstr. 24: Haushalle,
Giebelfigur, Fassade

Foto: Hartmut Olbrich

Neißstraße 24 ("Zum Goldenen Apfel"), Neißstraße 22

sowie die illusionistischen Fensterverdachungen folgen ebenso dem barocken Originalbefund wie die Maltechnik. Die Fassade wurde al fresco, d.h. mit reinen Kalkfarben direkt in den nassen Putz bemalt. Herausragendes Schmuckelement ist das Portal mit den Figuren der drei Göttinnen des Paris-Urteils aus der Werkstatt oder dem Umfeld des bis 1728 in Görlitzer tätigen Bildhauers Johann Matthes Oberschall – im Zentrum Athena, links Hera und rechts Aphrodite. Darunter erinnert das Allianzwappen Schäffer und Schön an den Bauherrn und seine Frau. Die Inschrift „CHRISTO: SOSPI=TANTE" – von Christus behütet – kann als Haussegen gelten und verweist auf die Frömmigkeit der Erbauer.

Parisurteil
Paris, Sohn des mythischen Königs von Troja, wurde von Zeus dazu ausersehen, den Streit zwischen den Göttinnen Athena, Hera und Aphrodite um Ihre vermeintlich größere Schönheit zu entscheiden. Er entschied sich trotz allerlei verführerischer Versprechen von Athena und Hera für Aphrodite und damit für die Liebe zur schönen Helena, die ihm von ihr in Aussicht gestellt wurde. So zog er sich den Hass der beiden Verliererinnen zu. Um Helena für sich zu gewinnen, musste er sie, mit göttlicher Hilfe, entführen und löste so den trojanischen Krieg aus.

Barockdecke und Allianzwappen Neißstr. 24

Etwas früher, nach dem Stadtbrand 1717, wurde das Haus Neißstraße 22 errichtet. In diesem schlichten Barockhaus mit seinem ungeschmückten Korbbogenportal ist im 1. Obergeschoss eine bemalte Holzbalkendecke dieser Zeit erhalten. Aufmerksamkeit verdienen aber auch die in Görlitz häufig auftretenden, hier aber zugängigen mehrgeschossigen Keller aus der Zeit der Gotik und der Renaissance.

Neißstr. 22:
Portal,
Barockdecke im
1. Obergeschoss,
Fassade

Neißstraße 22, 20

In der Gaststätte des Hauses können Sie nicht nur die gutbürgerliche Küche, ein Glas Landskronbier oder den Hauswein genießen, sondern auch mehretagige Kellergewölbe und eine kleine Ausstellung von Werkzeugen der Buchdrucker- und Buchbinderkunst bewundern. Zusammengetragen wurde diese Ausstellung von dem Buchbindermeister Hubert Gotzmann, der dieses Haus nach 1990 erwarb und sanierte.

Neißstr. 22:
oberes
Kellergewölbe

Neißstr. 22:
Kniehebelpresse,
Hochdruckpresse

Wie viele andere Häuser der Görlitzer Altstadt besaß auch das Gebäude Neißstraße 20 Braurecht. Architektonisch interessant sind das einfache, an die Renaissance erinnernde Portal und vor allem die über beide Obergeschosse vollständig mit symmetrisch angeordnetem Akanthuslaubwerk bemalte Fassade. Diese Art eines Fassadendekors ist in der Oberlausitz des 17. Jahrhunderts einmalig. Sie wurde erst bei denkmalpflegerischen Untersuchungen im Jahr 1953 freigelegt und zum ersten Mal restauriert. Die Malerei wird auf das Jahr 1680 datiert.

Verbunden mit einer empfehlenswerten Gaststätte wurden von dem Eigentümer auch hier die für Görlitz typischen Kelleranlagen erlebbar gemacht. Besonders interessant ist hier die Verbindung mit den ebenfalls mehretagigen Kellern des Nachbarhauses. In den oberen Kellerräumen der Neißstraße 20 finden sich noch Elemente der Gotik und der Renaissance.

Neißstr. 20,
Portal und Fassade

Wie bei den Gebäuden Neißstraße 20 und 22 handelt es sich bei dem Objekt Neißstraße 19 um einen historischen Brauhof. Die Kelleranlagen dieses Hauses gehen in ihrer Geschichte bis auf die Romanik zurück. In der obersten Kellerebene ist noch ein gotisches Schulterbogenportal zu finden.

An der Fassade finden sich eine Reihe von barocken Details. Dazu gehört das Portal mit dem durch eine Krone verzierten Schlussstein. Auf diesem ist folgende Inschrift zu lesen: "Gott hilffet, Gott hat geholffen, Gott wird helffen 1727". Über dem schwach vortretenden, durch zwei Pilaster zusammengehaltenen Mittelrisalit erhebt sich ein Giebelfeld, über dem zu beiden Seiten eines Ochsenauges 2 weibliche Figuren mit Füllhörnern als Relief angebracht sind. Ursprünglich zierten drei weitere weibliche Vollfiguren den Giebel. Sie gingen durch Kriegseinwirkungen verloren.

Neißstr. 19:
Schlussstein, Portal

Auch das dreigeschossige Gebäude Neißstr.18 war im Laufe der Zeit vielerlei Veränderungen unterworfen. Den häufigen Umbauten zum Trotz haben sich im Haus eine ganze Reihe von baugeschichtlich interessanten Details erhalten. Ungewöhnlich sind zuerst die Proportionen des Hauses. Straßenseitig weisen die Innenräume nur eine Breite von ca. 2,30 m, hofseitig von ca. 3,40 auf. In der Tiefe erreicht der Grundriss eine Länge von über 15 m. Befunduntersuchungen ergaben verschiedene bauzeitliche Zuordnungen einzelner Räume bzw. Bauteile. Teile der Kelleranlage wurden auf das beginnende 16. Jahrhundert datiert. Im Erdgeschoss wurden, vermutlich spätgotische, Segmentbogennischen an Ost- und Westwand gefunden. Die Südfassade wird in diesem Geschoss von 2 Fensternischen aus der Zeit der Renaissance gegliedert. Hofseitig entdeckte man Reste einer barocken Decke mit marmorierten Balken und mit Akanthusranken bemalten Brettern.

Neißstr. 18:
Bretter der Barockdecke,
Fassade

Peterskirche, Peterstraße 3, 4

Beichtstuhl
im nördlichen Schiff der Peterskirche

Folgt man in Richtung Norden der Stadtmauer und besteigt den Kirchberg, gelangt man wieder zur Peterskirche, welche wegen ihrer gotischen Herkunft bereits im Abschnitt Gotik ausführlich besprochen wurde. Sehenswert ist hier die ebenfalls bereits beschriebene barocke Ausstattung, vor allem die Sonnenorgel und die drei evangelischen Beichtstühle.

Weitere bedeutende barocke Gebäude finden Sie dann in der Peterstraße.

Das barocke Gebäude Peterstraße 3 besitzt ein in korinthischer Ordnung errichtetes Portal mit einer korbbogenähnlichen Öffnung und geradem Gebälk aus dem Jahr 1720. Der sich mittig über dem Portal erhebende Erker stammt inschriftlich aus dem Jahr 1685. Besonders markant ist die reich verzierte Kartusche mit folgender Inschrift: „Destinante fato has novas aedes aedificavit anno 1685 et seq. Caspar Besser, jur. utriusque doctor, sabinus Gorlicensis, advocatus provincialis, meliora sperans“. In allen Etagen sind bemalte barocke Holzbalkendecken erhalten.
In diesem Haus wurde der Meistersänger Adam Puschmann (1532-1600), ein Schüler von Hans Sachs, geboren.

Das Gebäude Peterstr.4 ist in mehrerlei Hinsicht interessant. Zum Einen trägt das Gebäude eine Fassade mit den typischen Merkmalen des Görlitzer Barock - mittiger flacher Risalit mit über der Traufe stehendem Giebel (vgl. Museum Neißstr. 30). Die jetzt erlebbare Fassung geht auf den Zustand der Fassade im Jahr 1720 zurück, wurde 1880 umgestaltet und 1958 bei Restaurierungsarbeiten wiederhergestellt. Bemerkenswert sind das Portal mit dem verkröpften Sprenggiebel und der mittigen Kartusche.
Zum Anderen findet man im westlichen Teil des Hauses eine vierflüglige Hofanlage mit, von massiven Sandsteinbrüstungen begrenzten, Umgängen, welche einige Parallelen, z.B. die wuchtigen barocken Konsolen, zu der Gestaltung der Haushalle im Biblischen Haus aufweist.

Peterstr. 3:
Ansicht,
Barockdecke
2. Obergeschoss,
Kartusche über dem Portal

Der dritte interessante Fakt ist einer der ehemaligen Bewohner. In diesem Haus wohnte von 1570-1614 Bartolomaeus Scultetus, einer der berühmtesten Görlitzer Humanisten. Von hier aus führte er einen intensiven Briefwechsel mit dem Prager Hofastronomen Tycho Brahe, den er in seiner Leipziger Studienzeit kennen lernte und mit dem ihn ein freundschaftliches Verhältnis verband. Anlässlich eines Besuches bei dem inzwischen 67-jährigen Scultetus weilte 1607 auch Johannes Kepler hier.

Petersstr. 4:
Portal, Fassade,
Kartusche, Innenhof

Peterstr. 14: Fassade, Haushalle, Wappen

Schräg gegenüber den beiden eben beschriebenen Objekten befindet sich das äußerlich schlichte Haus Peterstraße 14. Dieses Gebäude war im Laufe seiner Geschichte häufig von Bränden (1525, 1535, 1691,1717) betroffen und wurde daraufhin immer wieder verändert.

So finden man im Inneren des Hauses Bauteile aus verschiedenen Epochen. Das Gebäude basiert auf einem spätgotischen Kernbau mit zentraler Halle (15.Jh.), welche Spuren von Umbauten der Renaissance und des Barock aufweist. In der Erdgeschosshalle sind auf einer toskanischen Säule ruhende Kreuzgratgewölbe der Renaissance zu sehen.

Die Zentralhalle mit ihrer hölzernen, über mehrere Geschosse laufenden Wendeltreppe wird auf das Ende des 17. Jahrhunderts datiert. Im 1.Obergeschoss hofseitig haben sich Wohnräume der Spätgotik mit Kreuzrippengewölbe und solche der Renaissance mit ionischen Wandsäulen erhalten.

Der Schlussstein des Portals trägt das Wappen der Familie Schön, in deren Händen dieses Haus von 1675-1725 war.

Chronogramm
Unter einem Chronogramm versteht man eine Beschriftung, deren Großbuchstaben den Werten römischer Zahlzeichen entsprechen und in ihrer Summe zumeist auf eine Jahreszahl verweisen. Die betreffenden Buchstaben sind durch ihre Schreibweise oder farbliche Darstellung hervorgehoben. Ist ein solches Chronogramm in Versform verfasst, spricht man von einem Chronostichon (lat: stichos=vers).

Auf dem Weg in Richtung Nikolaivorstadt finden Sie auf der Nikolaistraße 2 weitere große Barockgebäude. Einen Hinweis auf die Bauzeit des Gebäudes Nikolaistraße 3 gibt das Chronostichon, welches man im Giebel des Mittelrisalites lesen kann: „Spes pIafIsa Deo n Vnq VaM ConfVsa IaCebIt“ (MDCCVVVIIII = 1719). Es entstand also 2 Jahre nach dem großen Stadtbrand von 1717. Aus dieser Zeit stammt insbesondere die prachtvolle Fassade mit allen typischen Elementen des Görlitzer Barock, wie
z.B. dem Mittelrisalit mit gesprengtem Giebel und vergoldeter Kartusche und dem Korbbogenportal. Im Inneren des Hauses sind barocke Stuckdecken erhalten. Der Plafond im einstigen Prachtzimmer des Hauses entstand um 1720.

Nikolaistraße 3: Fassade, Risalit, Kartusche, Chronostichon

Das Haus Nikolaistraße 7 ist das Eckhaus zum Karpfengrund und seiner baugeschichtlichen Zuordnung nach ein einfacher Barockbau. Das Haus wurde während des Brandes 1691 zerstört und ab 1697 unter Zufügung eines benachbarten Grundstückes wieder neu errichtet. Die Überbauung des Zuganges zum Karpfengrund in Richtung Stadtmauer erfolgte 1713. Nach erneutem Brand 1717 wurde das jetzige Gebäude erbaut. Auf dem Mittelrisalit zwischen den beiden Obergeschossen findet sich eine Kartusche in deren Schild die Inschrift: "Ad nutum dei" zu lesen ist. Interessant ist auch das darunter befindliche Chronostichon:

Nikolaistr. 7

„zV aLLen Vnsern Thaten MVss Vns Der höChste rahten“. Die markierten Buchstaben ergeben die römische Zahl MDCLLVVVV, also 1720.
Im Inneren sind barocke Stuckdecken und ein hölzernes, in Windungen geschnitztes Treppengeländer erhalten.

Barock in Görlitz zu erleben, bedeutet unbedingt auch einen Abstecher zum Nikolaifriedhof zu unternehmen. Dieser Friedhof ist die älteste Begräbnisstätte der Stadt. Er wird bereits 1305 erwähnt. Trotz seines Alters findet man heute auf dem Nikolaifriedhof im Wesentlichen Grabmale des Barock und des Klassizismus. Die Grabsteine der Gotik und der Renaissance verschwanden im Laufe der Zeit durch eine sich immer wiederholende Neubelegung der begrenzten Friedhofsfläche und durch die Verwendung der Steine zum Ausbau und zur Reparatur der Stadtbefestigung (nachweislich nach dem Hussitensturm 1431 und nach dem Dreißigjährigen Krieg). Zu den berühmtesten Persönlichkeiten, welche auf dem Görlitzer Nikolaifriedhof ihre letzte Ruhe fanden, gehört Jakob Böhme. Sein Grab finden Sie östlich des Hauptweges, nördlich der Kirche.

Grab Jakob Böhmes

Nikolaifriedhof

Emmerichgruft

Büttnerstraße 8, Langenstraße 43

Zurück auf dem Gebiet der Altstadt finden Sie weitere bauliche Zeugnisse der barocken Epoche auf der Büttner- und der Langenstraße. Auf der Büttnerstraße ist unter einer Reihe von Bauten dieser Zeit das Gebäude Büttnerstraße 8 hervorzuheben. Seine heute barocke Erscheinungsform erhielt dieses Gebäude vermutlich nach dem Stadtbrand 1717. Aus dieser Zeit sind verschiedene baugeschichtlich interessante Details erhalten. Dazu gehören u.a. die Kreuzgratgewölbe der Eingangshalle, welche sich über 3 Joche erstrecken, die Gewölbe der Dielen im 1. und 2. Obergeschoss und die bemalte Holzbalkendecke im 1. Obergeschoss. Auch die Fassade des Hauses deutet auf ihren barocken Ursprung hin. Zu beachten ist insbesondere die auf Befunde zurückgehende Bemalung oberhalb der Fenster des 2. Obergeschosses.

Büttnerstraße

Büttnerstraße 8: Fassade, Halle Erdgeschoss, Barockdecke

Langenstraße 43

Auch das zweigeschossige Haus Langenstraße 43 wurde erst nach dem Brand 1717 errichtet. Es war das Wohnhaus des Gründers der Oberlausitzischen Gesellschaft der Wissenschaften, Karl G. von Anton und repräsentiert in seinen Formen die Görlitzer Barockarchitektur dieser Zeit. Die Fassade ist geprägt durch einen vierachsigen Mittelrisalit, dem mittigen Portal und der durch geschwungene Verdachungen und eine mittige Kartusche hervorgehobenen Fenstergruppe über dem Portal. Die Struktur des Grundrisses mit der rechts und links des Portals angeordneten Belichtung der Erdgeschosshalle findet sich auch an anderen Barockgebäuden dieser Zeit in Görlitz (Fleischerstraße 15, Langenstraße 41).

Langenstraße 37, 41

Das Haus Langenstraße 41 war nachweislich 1721 bereits im Bau. Vier schlanke ionische, mit Girlanden verzierte Pilaster betonen den dreiachsigen Mittelrisalit. Die Fenster des Risalites im 1. Obergeschoss tragen geschmückte Giebel, die seitlich des Risalites muschelartige Verzierungen. Auch die Schlusssteine des 2. Obergeschosses sind mit flächigen Muscheln hervorgehoben. Im Inneren ist ein barocker Saal erhalten, dessen Deckenplafond Parallelen zu dem des Hauses Nikolaistraße 3 aufweist. Im ovalen Mittelfeld der reich verzierten Stuckdecke befindet sich ein Gemälde, welches „Diana und ihr Gefolge" darstellt. Die vier Eckmedaillons enthalten gemalte Putten. Bei Restaurationsarbeiten im Jahr 1957 fand man noch Reste einer barocken Wanddekoration, eines aus Rosen bestehenden Girlandengehänges.

Langenstr. 41
Fassade, Portal,
Halle Erdgeschoss

Langenstraße 37
Fassade, Kartusche

Besondere Erwähnung an der Fassade des Hauses Langenstraße 37 verdient das barocke Portal mit seinem gesprengtem Giebel. Der Schlussstein des Portals trägt ein aufwendig gearbeitetes Siegelmonogram. Darüber im Giebeldreieck befindet sich eine vorstehende Kartusche, deren Medaillon mit einem goldenen Kreuz auf rotem Grund verziert ist. Die beiden Pilaster beidseitig des Portals besitzen flache ionische Kapitelle, die zusätzlich durch Quastengehänge betont werden. Im Eingangsbereich ist noch die mit Kreuzgratgewölben überspannte Erdgeschosshalle, im 1. Obergeschoss ein barocker Kamin vorhanden.

Barockportale Langenstraße / Sporergasse, Obermarkt 24

Langenstr. 2

Langenstr. 36

Langenstr. 37

Langenstr. 43

Sporergasse 8

Bevor Sie durch die Verrätergasse zum Obermarkt gelangen, sei an dieser Stelle wenigstens noch auf drei weitere barocke Portale, Langenstraße 2 und 36 und Sporergasse 8, hingewiesen.

Obermarkt 24

2 barocke Patrizierhäuser finden Sie dann auf der Nordseite des Obermarktes zwischen einer Reihe von Gebäuden des 18. und 19. Jahrhunderts.

Das Barockhaus Obermarkt 24 ist inschriftlich auf das Jahr 1719 datiert. Die sechsachsige symmetrische Fassade ist als Doppelhaus angelegt und besitzt in ihren Seitenachsen 2 Korbbogenportale, beide durch Kartuschen in den Schlusssteinen zusätzlich hervorgehoben. Das Gurtgesims über dem gequaderten Erdgeschoss trägt eine Inschrift aus der apokryphischen Schrift vom Drachen zu Babel: „Herr Gott, du gedenkest ja noch an mich und verlässest die nicht, die dich anrufen und dich lieben."
Die Fassade der beiden Obergeschosse besitzt 2 Mittelachsen, die jeweils risalitartig vorgezogen sind, und von 3 Kolossalpilastern gefasst werden. Zwischen den Fenstergruppen der beiden Geschosse befinden sich zwei große Stuckkartuschen mit gesprengten Volutengiebeln.
Im Inneren sind noch barocke Stuckdecken zu sehen. Erkennbar sind auch noch die räumlichen Strukturen des Görlitzer Hallenhaustyps.

Um 1870/75 wurde über dem ehemaligen Traufgebälk ein 3. Obergeschoss errichtet, welches aber bei Sanierungsarbeiten 1979/81 wieder abgetragen wurde. Zu dieser Zeit wurde auch der mittige Frontispizaufbau entsprechend dem historischen Vorbild wiederhergestellt.

Obermarkt 29

Das Gebäude Obermarkt 29 ist der bedeutendste erhaltene Barockbau des Platzes. Er wurde 1718 für den Berliner Leingroßhändler Wilhelm Schaumburg errichtet. Die Fassade besitzt in beiden Obergeschossen sieben Fensterachsen, von denen die beiden seitlichen unter gemeinsamen plastischen Giebelschmuck gekoppelt sind. Die drei Mittelachsen sind durch vier Pilaster über dem Gurtgesims oberhalb des Erdgeschosses und durch stark plastische Giebelzier und einen Balkon aus Sandstein über dem Korbbogen des Portals hervorgehoben. Das Haus besitzt eine über die gesamte Tiefe reichende gewölbte Eingangshalle.

In den Dielen der Obergeschosse sind bemalte Holzbalkendecken und im 1. Obergeschoss zweifarbig marmorierte Säulen zu finden. Im 1. Obergeschoss sind auch barocke Stuckdecken erhalten. Mehrfach logierte Napoleon in diesem Haus und hielt, auf dem Balkon stehend, am 20. August 1813 Heeresschau.

Leuchter in der Eingangshalle

Fassade Obermarkt 29

Haushalle mit bemalten Decken und marmorierten Säulen

Das Gebäude Brüderstr. 3 ist ein ehemaliger Brauhof. Die jetzige Breite bekam das Haus erst 1504 durch die Vereinigung mit einem der Nachbargebäude. Die heute sichtbare barocke Fassade wurde unmittelbar nach 1717 errichtet.
Im Inneren sind in 2 Geschossen einige barocke Stuckdecken erhalten. Bei den Bauarbeiten wurde in einem der straßenseitigen Räume im 1. Obergeschoss auch eine ältere Wandmalerei entdeckt. Das 3. Obergeschoss ist eine Aufstockung des Klassizismus, die Ladeneinbauten Veränderungen des späteren 19. Jahrhunderts.
Die Adresse Brüderstraße 3 verbindet sich in der Geschichte der Stadt mit dem Namen Duroc, einem Marschall Napoleons, dessen Leichnam vor seinem Transport nach Paris in diesem Haus einbalsamiert wurde.

Brüderstr. 3, Schlußstein, Portal

Malereien 1. Etage

Gegenüber, an der barock veränderten Fassade des Gebäudes Brüderstr. 17, hat sich noch ein Renaissancegiebel erhalten, wie ihn im 16. Jh. alle Häuser der Stadt zur Schau trugen. In den Ladenräumen des Antiquitätengeschäftes Jäschke können Sie noch Reste der Stadtmauer besichtigen, welche bis 1250 noch die westliche Befestigung der Stadt darstellte.

Géraud-Christophe-Michel Duroc (25.10.1772-23.5.1813)

Duroc, eigentlich Géraud-Christophe de Michel, chevalier du Roc, war Napoleons Adjutant, Stellvertreter und einer seiner engsten Vertrauten. Seine militärische Karriere begann bereits mit dem Besuch der Artillerieschule in Châlons. 1796 wurde er als Hauptmann bereits Napoleons Adjudant. Nach einer Verwundung während der Italienfeldzüge ernannte Napoleon ihn zum Bataillonschef, später Brigadegeneral. Auf mehreren diplomatischen Missionen in Wien, St. Petersburg, Stockholm und Kopenhagen vertrat er die Interessen des ersten Konsuls und wurde in der Folge zum Großmarschall des Palastes befördert.
In dieser neuen Funktion als Gouverneur du Palais impérial, Grand Officier de la Maison de l'Empereur und Grand Maréchal du Palais zeichnete er in Frankreich und auf den Feldzügen für die Sicherheit Napoleons und leitete den kaiserlichen Haushalt. In der Nähe von Markersdorf (5 km westlich von Görlitz) wurde er im Mai 1813 während eines Rückzugsgefechtes nach der Bautzener Schlacht in Gegenwart von Napoleon tödlich verwundet.

Brüderstraße 12, Handwerk, Kränzelstraße, Weberstraße

Brüderstraße 12, Fassade
Durchgang zur Schwarzen Straße

Am Untermarkt schließt sich der Kreis dieses barocken Spazierganges. Der Vollständigkeit halber soll aber darauf hingewiesen werden, dass sich mit den oben beschriebenen Objekten der Bestand an barocken Bauwerken in der Görlitzer Altstadt noch nicht erschöpft. Eine Vielzahl, auch einfacherer Barockbauten, können Sie im südöstlichen Teil der Altstadt im Bereich der Straßen Handwerk, Kränzel- und Weberstraße entdecken. Das auffälligste dieser Gebäude ist vielleicht das Haus Handwerk 22 mit seiner sehr plastisch gegliederten Fassade aus dem Jahr 1717. Einmalig für die Görlitzer Barockarchitektur sind die kräftigen Giebelbekrönungen und in ihrer besonderen Art deren Kartuschen. Stuckdecken der Bauzeit mit figürlichen Dekor und reicher Ornamentik ergänzen den barocken Bestand des Gebäudes im Inneren.

Handwerk 22:
Erdgeschosshalle,
Fassade,
Portal

Handwerk 22:
Hofportal und
Hofloggien

Hochinteressant, wenn auch weniger auffällig, sind auch die vielen anderen Barockbauten in diesem Gebiet der Stadt. Dazu gehören insbesondere die Häuser Handwerk 2, 10, 12 und 13, Kränzelstraße 23, 32, 33 und 34, sowie die Gebäude Weberstraße 10 und 11.

Portale Handwerk 2, 20, 10

Handwerk 13
Fassade, Hof

Portale Kränzelstraße

Kränzelstraße 23,

32,

33,

34

Straßentheater in Görlitz / Zgorzelec
jedes Jahr am 1. Augustwochenende

www.viathea.de

VIA THEA

Straßentheater
in Görlitz/
Zgorzelec

schrill
laut
bunt

ruhig
besinnlich
nachdenklich

Straßentheater
in Görlitz/
Zgorzelec

musikalisch schräg

Görlitz während des Barock

Absolutistischer Einfluss aus Sachsen

Altstadtplan

1 Untermarkt 16 ("Börse")
2 Neptunbrunnen
3 Untermarkt 5 ("Frenzelhof")
4 Untermarkt 3
5 Neißstraße 30 ("Barockhaus")
6 Neißstraße 27
7 Neißstraße 24 ("Goldener Apfel")
8 Neißstraße 22
9 Neißstraße 20
10 Neißstraße 19
11 Neißstraße 18
12 Peterskirche (Inneneinrichtung)
13 Peterstraße 3
14 Peterstraße 4
15 Peterstraße 14
16 Nikolaistraße 3
17 Nikolaistraße 7
18 Nikolaifriedhof
19 Büttnerstraße 8
20 Langenstraße 43
21 Langenstraße 41
22 Langenstraße 37
23 Obermarkt 24
24 Obermarkt 29
25 Brüderstraße 3
26 Handwerk 22
27 Handwerk 2, 10, 12, 20
28 Kränzelstraße 23, 32, 33, 34

H Hallenhäuser

<u>Orientierungshilfen</u>

A Rathaus / Rathaustreppe
B Kulturhistorisches Museum Görlitz
Neißstraße 30
C Biblisches Haus
D Information
E Dreifaltigkeitskirche
F Peterskirche

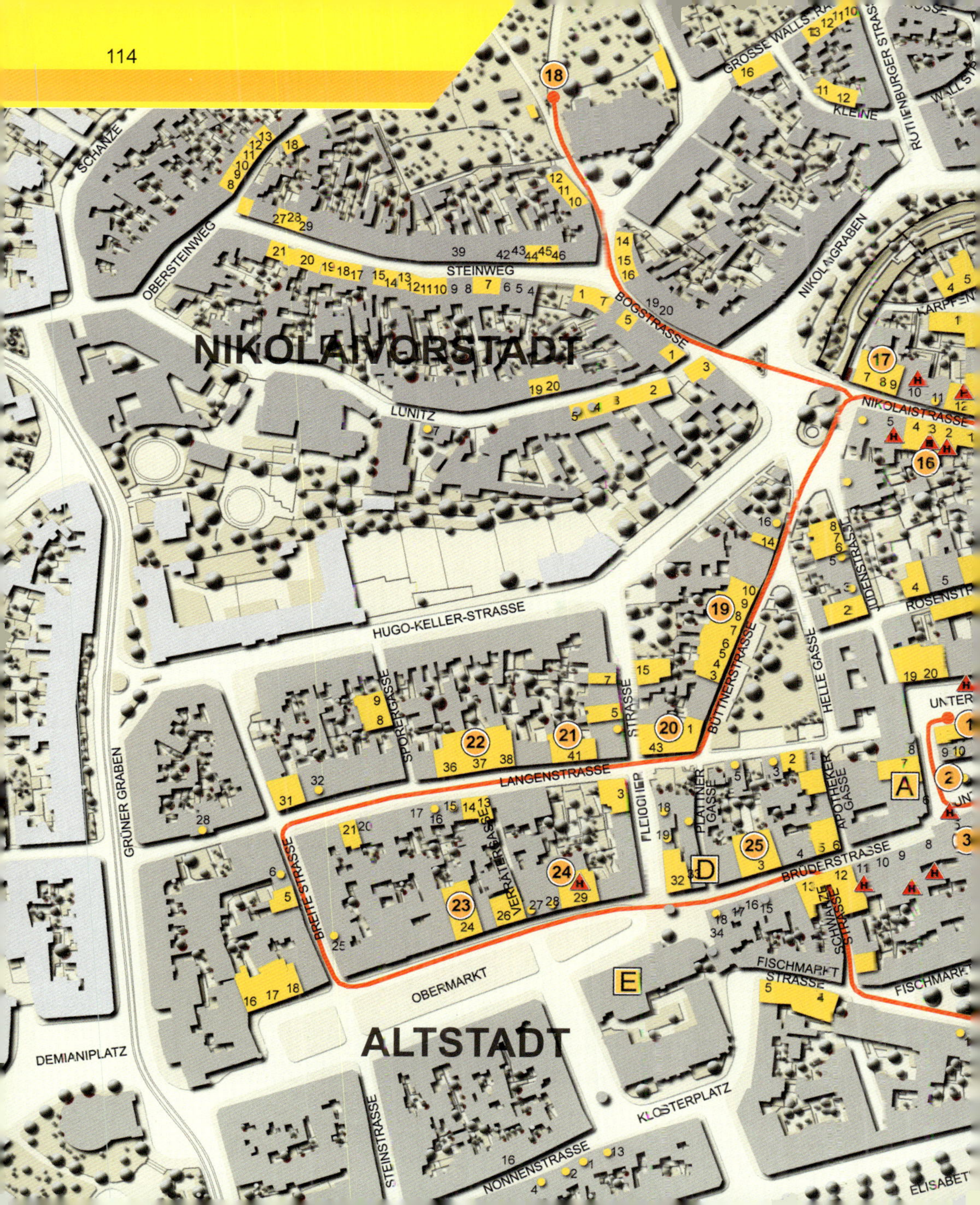

NIKOLAIVORSTADT
ALTSTADT
SCHANZE
OBERSTEINWEG
STEINWEG
BOGSTRASSE
LUNITZ
GROSSE WALLSTR.
KLEINE
RUTTENBURGER STR.
WALLSTR.
NIKOLAIGRABEN
KARPFEN
NIKOLAISTRASSE
HUGO-KELLER-STRASSE
JUDENSTRASSE
ROSENSTR.
HELLE GASSE
BÜTTNERSTRASSE
SPORERGASSE
LANGENSTRASSE
FLEISCHER STRASSE
PLATTNER GASSE
APOTHEKER GASSE
UNTER
GRÜNER GRABEN
BREITE STRASSE
VERRÄTERGASSE
BRÜDERSTRASSE
SCHWARZE STRASSE
FISCHMARKT STRASSE
FISCHMARKT
OBERMARKT
DEMIANIPLATZ
STEINSTRASSE
KLOSTERPLATZ
NONNENSTRASSE
ELISABET
A
D
E

riesig

Klassizismus, Gründerzeit, Jugendstil

19./20. Jahrhundert in Görlitz

Görlitz nach dem Wiener Kongress, während der industriellen Revolution und im Deutschen Reich nach 1871

Görlitzer Sommertheater
Ein riesiges Spektakel auf dem Untermarkt
www.theater-goerlitz.de
größtes Görlitzer Theaterevent
Juni
Juli
Untermarkt
Die historische Kulisse des Görlitzer Untermarktes ist die Bühne
die Görlitzer die Darsteller
die Görlitzer Geschichte das Thema
Theater ! Görlitz

Der Spaziergang zu den Bauten des 19. und beginnenden 20. Jahrhunderts, welche mit ihrer Anzahl die Menge der Baudenkmale aus allen vorangegangenen Epochen bei weitem übertreffen, beginnt auf dem Obermarkt. Dieser bereits 1250 angelegte Platz veränderte sein Aussehen im 19. Jahrhundert enorm und ist heute von klassizistischer wie gründerzeitlicher Architektur geprägt. Stellvertretend für das beginnende neue Zeitalter stehen die Gebäude Obermarkt 3 (1804/1827), Obermarkt 4 (1838), Obermarkt 6 (1844), Obermarkt 13 und Obermarkt 22. Zu empfehlen ist ein Blick in das Ende des 19. Jahrhunderts noch einmal ersetzte Gebäude Obermarkt 7, Ecke Steinstrasse, mit seinem für diese Zeit typischen Verkaufsraum, der in großen Teilen erhalten werden konnte.

Ansichten Obermarkt 6, 13 und 22

“Alte Synagoge”

Über die Breite Straße erreicht man in Richtung Norden nach wenigen Schritten ein 1848 errichtetes Schulgebäude, welches durch eine vom Klassizismus geprägte Fassade gekennzeichnet ist. Heute befindet sich hier die Volkshochschule der Stadt Görlitz.

In unmittelbarer Nachbarschaft entstand nur 5 Jahre später (1853), im Zusammenhang mit der Rückkehr der Juden nach Görlitz, die

Volkshochschule Langenstraße

Humboldthaus

erste Synagoge nach dem preußischen Toleranzedikt von 1847. 1909-11 errichtete die inzwischen stark angewachsene jüdische Gemeinde dann eine neue Synagoge in der Otto-Müller-Str. und gab die „Alte Synagoge“ auf.

Entlang des Grünen Grabens, der in diesem Bereich dem Verlauf der ehemaligen Stadtbefestigung folgt, gelangt man zum Demianiplatz und steht vor dem „Humboldthaus“. Dieses Gebäude wurde in den Jahren 1870/71 als Vereinshaus des Görlitzer Gewerbevereines erbaut. Während der Weimarer Republik wurde es als Volkshaus und ab 1923 von einer Freimaurerloge genutzt. Seit 1933 ist das Gebäude im Besitz der Naturforschenden Gesellschaft und dient seit 1949 dem Staatlichen Museum für Naturkunde.

Umrundet man den schon während des Spazierganges durch die Gotik beschriebenen Kaisertrutz, erreicht man das schon auf Entfernung sichtbare Theater. Die Geschichte des Theatergebäudes auf dem Demianiplatz begann in der Mitte des 19. Jahrhunderts. Am 2. Oktober 1851 wurde das von Gustav Kießler (auch Erbauer des Eisenbahnviaduktes über die Neiße) errichtete Theater feierlich eröffnet. Es ersetzte damals einen bereits seit 1820 bestehenden Theaterraum in der Neißstraße 26, der aus baupolizeilichen Gründen geschlossen werden musste.

Theater

In der Folgezeit wurde das neue Theater mehrfach umgebaut, sodass vom ursprünglichen Gebäude Kießlers eigentlich nur der Ostgiebel erhalten blieb. Der seit 1851 an der Nordseite der Hauses, in Richtung der heutigen kleinen Grünanlage mit dem Denkmal Demianis, gelegene Haupteingang wurde 1911 auf die Westseite verlegt und zu diesem Zweck die heute erlebbare Pfeilerhalle angefügt. Die vier Türme der Südfassade ergänzt man erst in den Jahren 1925-27. Der seit 2002 wieder rekonstruierte Zuschauerraum geht auf die Gestaltung von Carl Grobius (1850/51) zurück.

Theater ! Görlitz

Eröffnet wurde die kleine Semperoper, wie das Görlitzer Theater gerne genannt wird, mit Schillers „Don Carlos" am 2. Oktober 1851. Ab 1900 erfolgten erste bauliche Veränderungen: Das Theater wurde von Gas- auf elektrische Beleuchtung umgestellt. Das Foyer und der Balkon wurden angebaut. In den Jahren 1925 bis 1927 erfolgte der Einbau der gesamten Technik für den Schnürboden und die Bühnenhydraulik. Ganz besonderer Blickfang war der Zuschauerraum. An der Decke prangten kunstvolle Ornamente in den Farben Gold und Rot, gemalte Köpfe und Musengestalten. Auch an den Rängen und Portalen wurde mit Stuck und Goldverzierung nicht gespart. Tropfenförmige Kristalllüster spiegelten tausendfach das Licht. Mehrere Renovierungen musste das Haus im Laufe der Jahre über sich ergehen lassen: Dabei verschwand die historische Bemalung im Zuschauerraum aus unbegreiflichen Gründen unter grauen Farbschichten. Die kunstvollen Stuckverzierungen, Kristalllüster, Portal- und Wandbemalungen mussten Mitte der sechziger Jahre einer einfachen, schlichten Architektur weichen. Im September 2002 war es endlich soweit: Nach 1 ½-jähriger Bauzeit, in der der Theaterbetrieb auf der Hinterbühne erfolgreich weitergeführt wurde, konnte der komplett rekonstruierte Zuschauerraum wieder seiner Bestimmung übergeben werden. Von Grund auf saniert und vollständig neuer Bestuhlung sowie einer modernen Beleuchtungs- und Tonloge versehen, erstrahlt er mit seinen nach heutigen statischen Erkenntnissen neu konstruierten Rängen jetzt wieder im opulenten Erscheinungsbild von 1873.

Kartenvorverkauf:

Theater Görlitz, Demianiplatz 2:
Di – Fr 10.00 – 12.30 / 15.00 – 18.00 Uhr
Sa 10.00 – 12.30 Uhr
Tel. 0 35 81 / 47 47 47,
info@theater-goerlitz.de,
www.theater-goerlitz.de

i-vent (Obermarkt 33 / Ecke Brüderstr.:
Mo – Fr 9.00 – 18.00 Uhr,
Sa/So 9.30 – 15.00 Uhr

Das Theater Görlitz produziert seit 1999 Musiktheater für den gesamten Kulturraum Oberlausitz / Niederschlesien. Mit Opern-, Operetten-, Musical- und Ballettaufführungen sowie Konzerten der Neuen Lausitzer Philharmonie, bespielt es regelmäßig die Häuser in Bautzen, Hoyerswerda, Kamenz, Zittau und – natürlich – Görlitz. Neben vielen interessanten Gastspielen sind im Austausch dafür die Schauspielinszenierungen der Theater aus Bautzen und Zittau in Görlitz zu sehen. Ergänzt wird das Angebot durch ein abwechslungsreiches Programm – von Puppentheater und Produktionen des Jugendtheaterclubs über Film, Kabarett, Kleinkunst und Gesprächspodien bis zu kleinen Schauspiel- und Musiktheaterproduktionen – in der Kleinkunststätte „Apollo" (Hospitalstr. 2). Darüber hinaus hat sich das Theater Görlitz in den letzten Jahren immer mehr in Richtung eines Theaters der deutsch-polnischen Europastadt Görlitz / Zgorzelec entwickelt. Der "Salon G" im Zgorzelecer „Dom Kultury" ist seit 2003 eine weitere eigene Spielstätte des Theaters.

Theater Görlitz, Demianiplatz 2, 02826 Görlitz
Tel. 0 35 81 / 47 47 0, Fax 0 35 81 / 47 47 36
info@theater-goerlitz.de - www.theater-goerlitz.de

Staatliches Museum für Naturkunde Görlitz

Am Museum 1

In den Jahren 1858 bis 1860 erbaute die Naturforschende Gesellschaft zu Görlitz ihr eigenes Museum am Marienplatz. 1901/02 erhielt es nach einer Aufstockung seine heutige Gestalt und Fassade im Stil des Historismus.

Das Museum ist eine Forschungseinrichtung des Freistaates Sachsen. Es zeigt nach einem kompletten Umbau und der Wiedereröffnung 2003 auf rund 1.200 m² sieben Dauerausstellungen sowie zwei Sonderausstellungen. Ein Ausstellungsschwerpunkt liegt auf der Natur der Oberlausitz. Tiere und Pflanzen der Lausitz werden in ihren naturnah nachgebildeten Lebensräumen gezeigt, die als eine der schönsten Präsentationen dieser Art in Deutschland gelten.

Tropisch gibt sich die zweite Etage, in der die Vielfalt der Tiere der Regenwälder Südamerikas, Afrikas, Asiens und Australiens sowie der afrikanischen Savanne gezeigt wird.

Im Keller des Museums befindet sich das Vivarium mit tropischen und einheimischen Schlangen, Echsen und Fischen.

Durch das Treppenhaus des Museums zieht sich das 30-fach vergrößerte Modell einer Bodensäule. Der Besucher kann so die verschiedenartigen Bewohner dieses wenig bekannten Lebensraumes betrachten.

Die Erforschung der Bodentiere und ihrer Ökologie ist der Schwerpunkt der wissenschaftlichen Tätigkeit des Museums.

Die umfangreichen Sammlungen (über 5 Mill. Belege) und die größte naturwissenschaftliche Spezialbibliothek Ostsachsens sind in vier weiteren Gebäuden untergebracht.

Staatliches Museum für Naturkunde Görlitz
Landesmuseum des Freistaates Sachsen

Öffnungszeiten:
Dienstag bis Sonntag, 10.00 Uhr - 17.00 Uhr
Montag geschlossen

Tel.: 0 35 81/47 60 - 0, Fax: 0 35 81/47 60 -101

e-mail: post@smng.smwk.sachsen.de
www.naturkundemuseum-goerlitz.de

Entlang der Südfassade des Theaters läuft man direkt in Richtung des Karstadtkaufhauses am östlichen Ende des Demianiplatzes. Dieses auffällige Gebäude mit seiner strengen äußeren Gliederung entstand als „Kaufhaus zum Strauß" in den Jahren 1912/13 in nur neunmonatiger Bauzeit (eingeweiht am 30.9.1913) auf der Fläche eines bereits seit dem 18. Jahrhundert bebauten Quartiers östlich des Rademarktes. Bereits 1717 befand sich hier der Gasthof „Goldener Strauß", später das Hotel „Zum Strauß". 1929 wurde das Gebäude Bestandteil des damals größten europäischen Warenhauskonzerns, der Rudolph-Karstadt-AG.

Architektonisches Vorbild für das vom Potsdamer Architekten Carl Schmanns entworfene Haus bildete das mit dem Namen Alfred Messel verbundene Berliner Kaufhaus „Wertheim" (1897-1904). Lohnenswert ist ein Blick in den aus dieser Zeit im Wesentlichen original erhaltenen Innenraum mit dem durch ein farbiges Glasdach abgeschlossenen Lichthof.

Karstadtkaufhaus und Marienplatz

Postplatz

Weitere markante Gebäude des 19. und des beginnenden 20. Jahrhunderts finden Sie rund um den Postplatz, welcher sich südlich an den Demianiplatz anschließt. Dazu gehört das hufeisenförmige Gebäude des ehemaligen „Kaiserlichen Post- und Telegraphenamtes“ (1887-89) mit seinen, die seitlichen Risalite krönenden und die beiden Hauptfunktionen symbolisierenden, Figurengruppen.

Das gegenüber befindliche Gebäude des Land- und Amtsgerichtes entstand 1863-65 als „Preußisches Kreisgericht“. Im Zusammenhang mit den letzten Sanierungsarbeiten seit 2002 wurden die ursprünglichen Farbgestaltungen des Treppenhauses, der Flure und der Gerichtssäle weitgehend restauriert.

Ebenfalls 1863 wurde auf der Fläche des ehemaligen Frauenhospitals das, zeitweise auch als Hotel genutzte („Victoria Hotel“), Wohn- und Geschäftsgebäude an der Nordseite des Platzes errichtet. Dieses den Platz bestimmende Gebäude wird vor allem von klassizistischer Formensprache geprägt, insbesondere fällt der von 4 Karyatiden geschmückte Balkon ins Auge. Die beiden heute erlebbaren seitlichen Abschlüsse des Hauses entstanden erst später und folgen eher den Formen der Neorenaissance.

Gitter der Hofzufahrt zur Post

Loggia des ehem. “Victoria Hotels”

Figurengruppe auf dem Gebäude des Hauptpostamtes

Fester Bestandteil der Gestaltung des Platzes ist der mittige Kunstbrunnen, den der Volksmund die „Muschelminna“ nennt. Der von Robert Toberentz geschaffene Brunnen wurde 1887 hier aufgestellt, die bronzene Flora 1942 aber wieder entfernt und eingeschmolzen. Erst 50 Jahre später stellten die Görlitzer ihre „Muschelminna“ wieder auf.
Die 4 Marmorskulpturen im unteren Bereich des Brunnens stellen, nach Toberentz, Allegorien der Romantik, des Nutzens, der Veränderlichkeit und der Kraft dar.

Muschelminna auf dem Postplatz

Postkarte Postplatz 1915

Straßburg-Passage

In besonderer Form präsentiert sich das beginnende 20. Jahrhundert in den Gebäuden der Straßburg-Passage, welche die Berliner- mit der Jakobstraße verbindet. 1887 gründete Otto Straßburg hier ein „Spezialgeschäft für Leinen- und Baumwollwaren, Gardinen, Geraer Kleiderstoffe, sowie Aussteuerartikeln aller Art". Mit wachsendem Erfolg vergrößerte sich die Verkaufsfläche durch die Zukäufe von den benachbarten Grundstücken. In den Jahren 1907/08 realisierte Straßburg dann die Verbindung der Berliner- mit der Jakobstraße und schuf so die heutige Passage. Mit der Sanierung des gesamten Komplexes in den 90-er Jahren entstand an dieser Stelle die vielleicht attraktivste Einkaufsmöglichkeit in der Görlitzer Innenstadt.

Straßburg-Passage Görlitz

In der Straßburg-Passage sollten Sie Ihren Spaziergang kurz unterbrechen. Verweilen Sie bei einem Kaffee und genießen Sie den Blick über Jakobstraße und Wilhelmsplatz, stärken Sie sich vielleicht mit einer zünftigen Pizza und beobachten Sie die Passanten oder nehmen sich einfach nur ein Eis mit auf den Weg. Versäumen Sie aber auf keinen Fall, einen Blick in einige der Geschäfte zu werfen. Sie werden dort eine ganze Reihe von Details entdecken, die noch immer an die Bauzeit während des Jugendstil erinnern.

Straßburg-Passage
Görlitz

Centermanagement
Heid+Partner GbR
Straßburg-Passage
02826 Görlitz
Tel.: +49 3581 / 76 43 00
www.strassburg-passage.de

Wilhelmsplatz, Augustastraße

Wichtiges Zeugnis der Architektur des 19. Jahrhunderts nach der Reichsgründung ist das 1872/73 entstandene Gebäude der Provinzial-Gewerbeschule (seit 1882 Lyzeum, nach 1945 Erweiterte Oberschule und ab 1990 Gymnasium) an der Nordseite des Wilhelmsplatzes.

Wohnhaus
Wilhelmsplatz 12

Curie-Gymnasium
Wilhelmsplatz

Lohnend ist auch ein Abstecher in die vom Wilhelmsplatz in Richtung Süden abzweigende Augustastraße, der vielleicht schönsten Görlitzer Straße dieser Epoche.

Fassaden und Portale
Augustastraße

„Neue Synagoge“

Entlang gründerzeitlicher Wohnbebauung auf der Gartenstraße und den Villen des Mühlweges gelangt man zum 1853/54 errichteten Gebäude der Oberlausitzer Landstände ("Ständehaus"), in dem sich heute ein Pflegeheim befindet. Vorbei am Stadtpark erreicht man von hier aus die 1909-11 errichtete „Neue Synagoge“ in der Otto-Müller-Straße.

Innenansichten der Synagoge 1911

Im ersten Jahrzehnt des 20. Jahrhunderts war die erst 1848 neu entstandene jüdische Gemeinde in Görlitz auf über 600 Mitglieder angewachsen. Grund genug, über eine neue, größere Synagoge nachzudenken. 1909 schrieb die Gemeinde einen beschränkten Architekturwettbewerb aus, den die Dresdener Architekten Lossow & Kühne für sich entscheiden konnten. 2 Jahre später, am 7.März 1911, eröffnete man die „Neue Synagoge“. In der Kristallnacht am 9./10. November 1938 wurde auch die Görlitzer Synagoge von den Faschisten geschändet, geplündert und in Brand gesteckt. Die Inneneinrichtung wurde dabei zum größten Teil zerstört. Noch während der Nazizeit entstanden Pläne zur Umnutzung der Synagoge zu einem Archiv, wurden aber nicht realisiert.

Nach 1945 gab es in Görlitz keine jüdische Gemeinde mehr und damit auch keine Nutzer, die die „Neue Synagoge“ in ihren ursprünglichen Zustand wieder herrichten konnten. So waren zwischenzeitliche Nutzungen bis heute immer nur Interimslösungen.

Postkarte aus dem Jahr 1912

Otto-Müller-Straße, Struvestraße

Auf der Otto-Müller-Straße befinden sich 2 weitere Beispiele Görlitzer Villenarchitektur. Dazu gehört das direkt gegenüber der Synagoge befindliche Gebäude Otto-Müller-Str. 6, welches im Jahr 1908 hier errichtet wurde, und das klassizistisch geprägte Objekt Otto-Müller-Str. 1 aus dem Jahr 1864. Vis-à-vis entstand 1910 das Gebäude des Landratsamtes, dessen Mittelrisalit mit seinem geschweiften Giebel ebenfalls vom Jugendstil geprägt ist.

Der Weg zurück zum Ausgangspunkt des Rundganges folgt der klassizistisch geprägten Struvestraße und führt an den 1903 entstandenen Jugendstilwohngebäuden Joliot-Curie-Str. 4 und 5 vorbei.

Fassadendetails Struvestraße

Fassade, Haustür und Oberlicht Joliot-Curie-Straße 4

Ein weiteres Beispiel klassizistischer Architektur befindet sich auf dem Fischmarkt. Die regelmäßig gegliederte Fassade der 1836-38 hier errichteten Mädchenschule spiegelt die Schlichtheit der Architektur dieser Zeit. Auffallend ist besonders das an der Formensprache der frühen Renaissance orientierte Terrakottaportal.

Portal und Fassade der Musikschule am Fischmarkt

Außerhalb des eben beschriebenen Rundganges finden Sie in Görlitz eine ganze Reihe weiterer bemerkenswerter Gebäude und Straßenzüge des 19. und des beginnenden 20. Jahrhunderts, welche aber nicht mehr ohne weiteres fußläufig erschließbar sind. Dazu gehört die 1910 fertig gestellte Stadthalle, direkt an der Stadtbrücke östlich des Stadtparks, die 1898-1902 errichtete Ruhmeshalle im heutigen Zgorzelec, die Villen der Goethestraße (insbesondere die Ephraim-Villa Goethestr. 17 aus dem Jahr 1905) und der Bahnhof (1913-17).

Stadthalle

Die Stadthalle steht direkt am Grenzübergang nach Zgorzelec. Am besten zu erreichen ist die Stadthalle aber über den Stadtpark oder die Uferstraße, hinter dem Hotel „Mercure“. Begonnen im Jahr 1906, wurde die Stadthalle nach 4 Jahren Bauzeit am 27. Oktober 1910 festlich eingeweiht und bot von da an Platz für 2500 Besucher. Architektonisch geht das Gebäude auf einen Entwurf des Architekten Bernhard Sehring zurück.

Unmittelbar vor der Stadthalle erinnert eine steinerne Erdkugel an den 15. Meridian, der an dieser Stelle durch die Stadt führt. Aufgestellt wurde der Stein anlässlich des ersten Weltraumfluges eines Menschen (Juri Gagarin) 1961.

Putten auf der Attika der Stadthalle

Postkarten der Stadthalle 1915, 1917, 1925 und 1942

Ruhmeshalle - Dom Kultury

Überschreitet man die Stadtbrücke, sieht man schon bald in Richtung Süden die die umliegenden Bäume überragende Kuppel des „Dom Kultury“, der ehemaligen „Oberlausitzer Gedenkhalle mit Kaiser Friedrich Museum“ (Ruhmeshalle). Dieses Gebäude entstand, nach einigen Jahren der Vorbereitung und der inhaltlichen Diskussion, auf der Grundlage eines 1897 ausgeschriebenen Architekturwettbewerbes. In Anwesenheit Kaiser Wilhelm II. wurde die Ruhmeshalle im November 1902 eröffnet. Die Gestaltung des Gebäudes wie auch sein Skulpturenschmuck folgten dem damaligen Zeitgeist. Die Figurengruppen von Hugo Lederer rechts und links des Haupteinganges stellen symbolisch „Krieg“ und „Sieg“ dar, die Reliefs darüber die Schrecken des Krieges und den Segen des Friedens.

Postkarten der Ruhmeshalle aus den Jahren 1912 und 1938

Skulptur rechts vom Eingang: "Sieg"

Lohnenswert ist auch ein Blick in das Innere des Bahnhofes. Das heutige Bahnhofsgebäude entstand in den Jahren 1913-17 als Nachfolger des seit 1847 betriebenen Bahnhofes. Bereits in diesem Jahr bekam die Stadt Anschluss an die preußische wie auch an die sächsische Bahn. In den folgenden Jahren erhöhte sich die Frequenz der hier haltenden Züge so weit, dass man sich zu einem Neubau entschloss. Wie auch heute noch zu erleben, legte man dabei besonderen Wert auf die Ausgestaltung der Bahnhofshalle, welche für Görlitz den Abschluss der Epoche des Jugendstils darstellt. Die Ausmalung der Halle wurde 1984 freigelegt und ist seit dieser Zeit wieder in ihrem ursprünglichen Zustand erlebbar.

Ansicht Bahnhof
Bahnhofshalle und deren Beleuchtung

Goethestraße, Ephraim-Villa

Detail
Goethestr. 1

Eine Vielzahl von Villen der Gründerzeit und des Jugendstil finden Sie entlang der Goethestraße. Allen voran das Gebäude Goethestraße 17 des Großkaufmanns und Kommerzienrates Martin Ephraim. Es entstand im Jahr 1905. Ephraim gehörte u.a. zu den Stiftern der Gedenkhalle (Ruhmeshalle). Er wurde 1944 im Konzentrationslager Theresienstadt umgebracht. Seit 1978 befindet sich in seiner Villa die Jugendherberge der Stadt, die sich bemüht, sein Andenken zu wahren.

Bemerkenswert sind auch die Villen Goethestraße 5 aus dem Jahr 1897 und Goethestraße 4. Hier befindet sich übrigens eine der Malschulen der Stadt Görlitz.

Villa Goethestr. 4
Tor Goethestr. 10

Ephraim-Villa

Landskron Brauerei Görlitz

Immer ein Genuss!

Hinter den denkmalgeschützten Backsteinmauern der 1869 gegründeten Landskron Brauerei am reizvollen Neißeufer wird noch immer nach traditionell handwerklichem Verfahren und mit offener, handgeführter Gärung gebraut. Dabei lagert das gute Landskron Bier unterirdisch in 12 m tiefen Gewölbekellern viel länger als üblich, um zwischen 6 und 12 Wochen je nach Biersorte zu reifen. Diesen Qualitätsanspruch bestätigen die jährlichen Auszeichnungen der DLG (Deutschen Landwirtschafts Gesellschaft).

Doch auch das äußere Erscheinungsbild der östlichsten Brauerei Deutschlands hat sich nach zwei Jahrhundertwenden kaum geändert. Sie gehört inzwischen zu den ältesten produzierenden Industriedenkmälern Deutschlands.

Die KULTurBRAUEREI wurde 1872 als erstes großes Restaurationsgebäude mit einladenden Colonaden für Görlitz erbaut. Im Festsaal fanden 1.000 Personen Platz und bis zu 3.000 Menschen konnte man im Garten bewirten. Und auch heute lockt die KULTurBRAUEREI mit zahlreichen Veranstaltungen Jahr für Jahr 30.000 Besucher an.

Weiterhin nutzen jährlich mehr als 5.000 Besucher die Möglichkeit einer Brauereibesichtigung. In gemütlicher Atmosphäre wird nach der Brauereiführung frisch gezapftes Landskron zur Verkostung bereitgestellt.

Landskron Brauerei Görlitz
An der Landskronbrauerei 116
02826 Görlitz
www.landskron.de

LANDSKRON-BRAUEREI IM JAHRE 1929

Sie haben die Wahl:

- **0,33 Liter Tour:** Die Kennenlern-Tour zur Kurzvorstellung dauert 45 Minuten. Danach geht es direkt zur Verkostung unseres frischen Landskron inkl. Snack und Souvenir. (5 €/Person)
- **0,5 Liter Tour:** Der erweiterte Rundgang dauert 90 Minuten für alle, die es genau wissen wollen. Es folgt die Verkostung inkl. Imbiss und Souvenir. (8 €/Person)
- **Bierfiedler-Tour:** Individuelle abendliche Tour mit Lichteffekten, Spielmann und Zwickelbier.
- **Sondertour:** Haben Sie eigene Ideen, wie Sie Ihre Führung durch die Landskron Brauerei gestalten möchten? (Musik etc.) Kein Problem. Landskron organisiert das für Sie. (ab 15 €/Person)

Für Infos vorab können Sie im Internet unter **www.landskron.de** eine Runde drehen.

Viel Spaß

Immer ein Genuss!

Innenstadtplan

1 Obermarkt
2 Volkshochschule
3 “Alte Synagoge”
4 Humboldthaus
5 Theater
6 Staatliches Naturkundemuseum
7 Karstadtkaufhaus
8 Hauptpost
9 Wohn- und Geschäftshaus (ehem. Hotel Victoria)
10 Kunstbrunnen “Muschelminna”
11 Straßburg-Passage
12 Curie-Gymnasium
13 Augustastraße
14 Neue Synagoge
15 Otto-Müller-Straße
16 J.-Curie-Straße 4/5
17 Musikschule
18 Stadthalle
19 15. Meridian
20 Dom Kultury (”Ruhmeshalle”)
21 Bahnhof
22 Landskronbrauerei
23 “Ephraimvilla”
Jugendherberge

<u>Orientierungshilfen</u>

A Rathaus / Rathaustreppe
B Kunsthistorisches Museum Görlitz Neißstraße 30
C Kaisertrutz
D Information
E Dreifaltigkeitskirche
F Dicker Turm
G Theater-Passage
H Frauenkirche
I Hochschule
J Hotel “Mercure”
K Wohnhaus Jakob Böhme

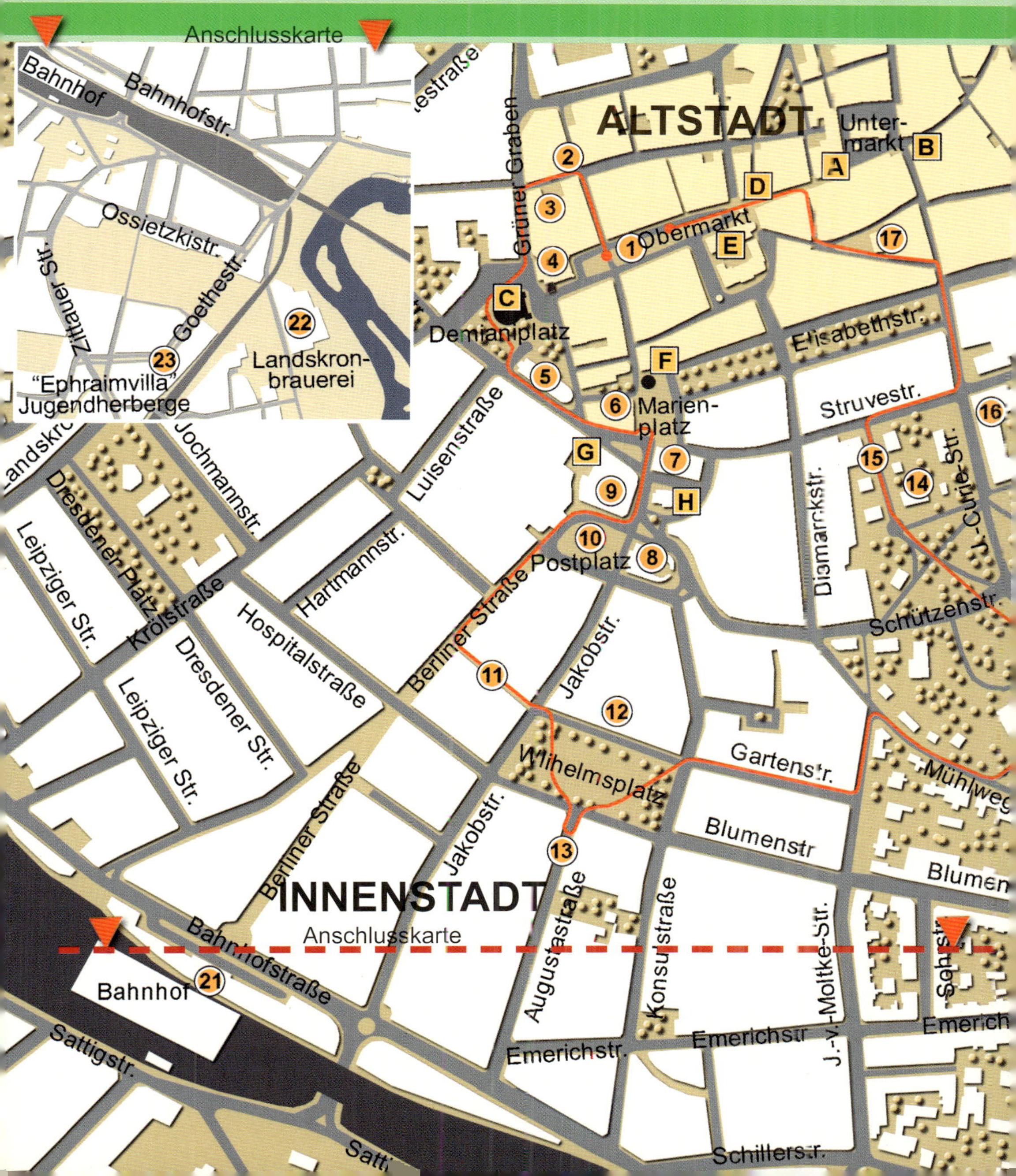
Anschlusskarte
Bahnhof
Bahnhofstr.
Ossietzkistr.
Zittauer Str.
Goethestr.
22
23
Landskron-
brauerei
"Ephraimvilla"
Jugendherberge
ALTSTADT
Unter-
markt
B
A
D
2
3
Grüner Graben
1
Obermarkt
E
17
4
C
Demianiplatz
Elisabethstr.
F
5
6
Marien-
platz
Struvestr.
16
G
7
15
9
H
14
10
8
Postplatz
Dismarckstr.
J.-Curie-Str.
Luisenstraße
Jochmannstr.
Dresdener Platz
Leipziger Str.
Krölstraße
Hartmannstr.
Hospitalstraße
Berliner Straße
Jakobstr.
Schützenstr.
11
12
Dresdener Str.
Leipziger Str.
Wilhelmsplatz
Gartenstr.
Mühlweg
Berliner Straße
Jakobstr.
13
Blumenstr
Blumen
INNENSTADT
Augustastraße
Konsulstraße
J.-v.-Moltke-Str.
Anschlusskarte
Bahnhofstraße
Bahnhof
21
Sattigstr.
Emerichstr.
Emerichstr
Emerich
Schillerstr.

Geschichte

GÖRLITZER AKTIEN-BRAUEREI GÖRLITZ

AKTIE

EINHUNDERT REICHSMARK

Görlitzer Aktien-Brauerei

1869 Am 18. Juni erfolgte die Gründung der Görlitzer Aktien Brauerei mit einer Kapazität von 27.000 hl.

1882 Das Bier erhielt den bis heute geschützten Markennamen „Landskron Bier“.

1885 Landskron wird auf der Görlitzer Gewerbe- und Industrieausstellung erstmalig mit einer Goldmedaille ausgezeichnet.

1894 25 Jahre Landskron geben Anlass für den bis heute geltenden Werbespruch „Landskron Bier - immer ein Genuss.“

1908 Erstmalig wird die Produktionsgrenze von 100.000 hl überschritten, mit Ausbruch des 1. Weltkrieges endet diese positive Entwicklung.

1928 Theodor Scheller überträgt die Leitung des Unternehmens an seinen Sohn Walter.

1946 Am 7. Januar stirbt Walter Scheller, das von ihm entworfene stilisierte „L“ ist bis heute integriert.

1959 Am 29. Januar erfolgt die Firmierung der „Landskron Brauerei Scheller & Co. KG“ als Betrieb mit staatlicher Beteiligung.

1964 Die traditionelle Bügelverschlussflasche läuft zum letzten Mal vom Band, Nachfolger sind die Drittelliter-Steini-Flasche und 1978 die Halbliter-Euro-Flasche.

1972 Am 17. März erfolgt die Verstaatlichung zum Volkseigenen Betrieb (kurz VEB).

1988 Die Brauerei erreicht mit 541.000 hl den bislang größten Ausstoß.

1991 Das Landskron Bier wird wieder nach dem Deutschen Reinheitsgebot von 1516 gebraut.

1992 Mit der Reprivatisierung der Brauerei am 21. Juli übernimmt Familie Scheller wieder das Unternehmen.

1997 Das Landskron Bier wird erstmalig mit der höchsten Betriebsauszeichnung der Deutschen Landwirtschaftsgesellschaft (DLG), dem „Preis der Besten“ in Bronze ausgezeichnet.

1998 Neue Ausstattung: Die ERSTE RUNDUMETIKETTIERTE BIERFLASCHE auf dem traditionellen deutschen Biermarkt kommt aus Görlitz - aus der Landskron Brauerei!

2000 Das Jahrtausendbier von Landskron erobert den Markt. PRO-MILLENNIUM - in limitierter Edition!

2001 Produktneuheit: -„AgentApple“ – das Bier-Mixgetränk mit der „Lizenz zum Erfrischen“ erobert den Markt.

2002 Start der neuen Kampagne: „Landskron – das traditionell handwerklich gebraute Bier“

2003 Übernahme der Mehrheitsanteile an der Landskron Brauerei Görlitz durch Deutschlands führende Brauereigruppe HOLSTEN AG

2004 Die Bereinigung des deutschen Biermarktes schreitet voran. Weltweit führende Braukonzerne betreten den deutschen Markt. Interbrew und AmBev aus Belgien bzw. Brasilien fusionieren zur weltweiten Nummer 1: InBev. Dazu gehören deutsche Marken u.a. Hasseröder und Becks. Auch die Holsten Gruppe wird übernommen: vom weltweit fünftgrößten Bierbrauer. Die Landskron Brauerei gehört nun zur CARLSBERG GRUPPE aus Dänemark.

Eine Stadt zum Genießen

Essen und Trinken in Görlitz

Ein ganz besonderes Erlebnis ist eine Entdeckungsreise durch die Görlitzer Gastronomie

Illustriertes
KOCHBUCH
von Mary Hahn
1912

Schlesischer Mohnstriezel

Feiner schlesischer

Bevor Sie einige der empfehlenswerten Görlitzer Lokale kennen lernen, hier zwei schlesische “Kostbarkeiten” zum ausprobieren.

Die beiden Rezepte dieser Seite und das Rezept des “Schlesischen Himmelreiches” auf der Seite 141 sind dem “Illustrierten Kochbuch” von Mary Hahn aus dem Jahr 1912 entnommen.

Insbesondere das Rezept des “Schlesischen Himmelreiches” kann nur als Beispiel gelten. Schlesien war groß und die “Himmelreichvariationen” waren vielfältig.

1935. Stolle oder Striezel. Von 70 g mit $^1/_8$ *l* lauwarmer Milch aufgelöster Hefe und 250 g Mehl macht man in einer kleinen Schüssel ein Hefenstück und läßt es 15 Min. gehen. Indessen rührt man in der Backschüssel 750 g Mehl, 4 Eier, 130 g Zucker, 20 g fein geriebene bittere Mandeln, 1 Prise Salz, abgeriebene Zitronenschale und etwas fein gestoßene Vanille mit der nötigen lauwarmen Milch zu einem festen Teige an, mischt das aufgegangene Hefenstück darunter, arbeitet den Teig recht glatt und fein, knetet 400 g in kaltem Wasser ausgewaschene Butter in den Teig, mischt 250 g große entkernte Rosinen, 250 g Korinthen, 80 g feingeschnittene süße Mandeln, 70 g feinstiftig geschnittenes Zitronat darunter, stäubt etwas Mehl über den Teig und läßt ihn mit einem Tuche bedeckt an einem warmen Ort langsam aufgehen, legt ihn dann auf den mit Mehl bestreuten Tisch und formt ihn zu einer Stolle, wie Nr. 1926 beschrieben ist, und läßt sie aufgehen, bestreicht sie dann mit zerlassener Butter, bäckt sie in mäßiger Hitze reichlich 1 Std., bestreicht sie noch heiß noch einmal mit Butter und bestäubt sie sofort mit Puderzucker. — Man kann auch ein eigroßes Stück gutes Nierenfett feingehackt unter den Teig mischen, wodurch der Kuchen sehr geschmeidig wird. — Dieser Teig ergibt 2 mittlere Stollen im Bratofen gebacken, läßt man sie beim Bäcker backen, so kann man 1 Stolle davon machen. Wünscht man mehr Stollen zu backen, so lassen sich die Verhältnisse der Zutaten leicht vermehren.

1937. Schlesischer Mohnstriezel oder Stolle. Die Hälfte des zur Stolle Nr. 1935, aber ohne Rosinen, Korinthen und Zitronat bereiteten Teiges oder einfachen Hefenteig rollt man dünn länglich-viereckig aus, bestreicht ihn mit nachstehender Mohnfüllung, wobei man an einer Längsseite einen etwa 2 cm breiten Rand frei läßt, der mit Ei bestrichen wird, rollt den Teig zusammen wie die Biskuitrolle Nr. 1917, legt sie auf ein Blech zum Aufgehen, bestreicht sie dann mit Butter, bäckt sie in mäßiger Hitze schön braun, bestreicht sie sogleich noch einmal mit Butter und streut feinen Zucker darüber.

Mohnfüllung: 250 g schwarzer Mohnsamen wird mit Wasser gebrüht, auf einem feinen Siebe abgetropft, in einer Reibesatte mit etwas Sahne oder Milch fein gerieben, bis er sich nicht mehr körnig anfühlt, mit 3 Eßlöffel Zucker, 1 Teelöffel Zimt, 40 g süßen und einigen bitteren, geriebenen Mandeln und einigen Löffeln Rosenwasser zu einem dicken Brei angerührt, der sich gut streichen läßt.

1945. Feiner schlesischer Streuselkuchen, ein Lieblingskuchen unseres Kaisers. Man macht entweder einen feinen gelben Hefenteig von 500 g Mehl, 180 g Butter, 8 Eigelb, 30 g Hefe, 3—4 Löffeln Zucker, etwas Salz und der nötigen Milch, oder etwas einfacher wie folgt: 50 g Hefe wird in einer kleinen Schüssel mit etwas lauwarmer Milch aufgelöst und mit 250 g Mehl verrührt, als Hefenstück an einem warmen Ort zum Aufgehen hingestellt. Dann rührt man in der Backschüssel 750 g Mehl mit 4 ganzen Eiern, 125 g Zucker, abgeriebener Schale 1 Zitrone, 1 Prise Salz, ein wenig Vanille mit der nötigen lauwarmen Milch zu einem festen Teige an, rührt 250 g zerlassene Butter und das aufgegangene Hefenstück darunter, schlägt den Teig tüchtig, rollt ihn dünn auf mit Mehl bestäubte Bleche aus, läßt ihn aufgehen, bestreicht ihn mit zerlassener Butter, belegt ihn recht dick mit Streusel, besprengt ihn nochmals mit Butter und bäckt ihn im gut geheizten mäßig heißen Ofen schön hellbraun. Dann bepudert man ihn mit Hilfe eines Siebes oder Büchse mit Staubzucker. Dieser Teig reicht für 2 Blechkuchen. Hat man Teig übrig, so kann man ein rundes Brot davon formen, aufgehen lassen, mit Ei bestreichen, mit Zucker bestreuen und schön hellbraun backen.

Streusel für einen länglich-viereckigen Blechkuchen: 250 g frische Butter wird gekocht, bis sie zum zweitenmal steigt, dann muß sie sofort vom Feuer genommen werden, weil sie sonst überkocht, nach dem ersten Steigen fällt sie von selbst. Dann gißt man diese Butter, welche durch das Kochen alle Molken und Salzteile ausgeschieden hat, unter Zurücklassung dieser Teile in eine Schüssel, in welcher man vorher schon 250 g Zucker, $^1/_2$ Eßlöffel feinen Zimt, 70 g süße und einige bittere geschälte und geriebene Mandeln gelegt hat (die Mandeln können auch fehlen) und rührt die Masse sofort mit dem Holzlöffel gut durch und gibt so viel Mehl hinzu (ungefähr 500 g), daß die Masse sich zwischen den Händen zu haselnußgroßen, trocknen Klümpchen zusammenballt, die man auf den aufgegangenen, mit Butter bestrichenen Kuchen gleichmäßig und dicht verteilt. Dieser Kuchen ist einer der wohlschmeckendsten Kaffeekuchen.

Ebenso interessant und vielfältig wie die historischen Gebäude der Stadt ist auch eine Entdeckungsreise durch die Görlitzer Gastronomie. Das trifft auf das abwechslungsreiche Ambiente, denn fast alle Gaststätten befinden sich in historischen Räumlichkeiten, und gleichermaßen auf deren Angebot zu.
Angesichts der riesigen Auswahl und der zweifellos sehr unterschiedlichen Geschmäcker ist es schwer, einzelne Gaststätten hervorzuheben. Zu empfehlen ist zuallererst aber in jedem Fall der Besuch einiger der Kellergaststätten. Gewiss, Gewölbe an sich sind für Görlitz nichts Besonderes, sie sind eher allgegenwärtig. Trotzdem lohnt sich deren Entdeckung, vor allem, da sie nur selten Bestandteil der vielfältigen Stadtführungen sind.

via regia

Neißstr. 19, 02826 Görlitz
Tel.: 03581/402070
täglich ab 18.00 Uhr
Biergarten ab 12.00 Uhr

acanthus

Neißstr. 20, 02826 Görlitz
Tel.: 03581 / 66 18 10
täglich ab 18.00 Uhr
Sa, So und an Feiertagen
ab 11.00 Uhr

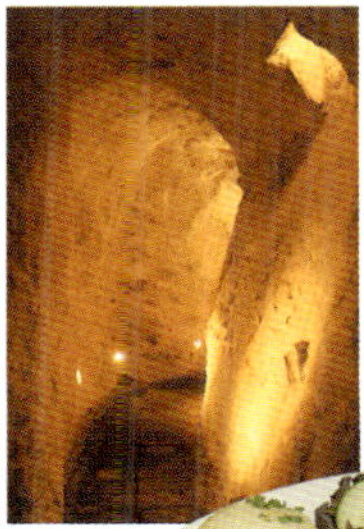

Die größte Kellergaststätte finden Sie auf der Neißstraße in den Gebäuden Nr. 19 („via regia") und 20 („Akanthus"). Beide erschließen das nahezu unüberschaubare mehretagige Labyrinth der Keller dieser Häuser. Die Keller stammen hauptsächlich aus den Epochen Romanik, Gotik und Renaissance und wurden inzwischen miteinander verbunden. In insgesamt 12 verschiedenartigen modern und bequem eingerichteten Kellern können Sie die vielen regionalen Biere, das eine oder andere Glas Wein oder die gute Küche genießen. Sollte Ihnen die Wartezeit lang werden, nutzen Sie doch die Gelegenheit zu einer Führung durch das Haus. Sollte der Eigentümer im Hause sein, zeigt er Ihnen gern sein Labyrinth. Im Sommer ist die direkt oberhalb der Stadtmauer gelegene Terrasse mit Ihrem Blick über die Neiße zu empfehlen. Die Spezialität des Hauses ist der "Schlesische Bierbraten". Also - unbedingt probieren!

Keller- und Traditionsgaststätten

Ein gemütlicher Abend in der historischen Altstadt von Görlitz

Ganz ähnliche Keller, aber eine urige Atmosphäre finden Sie 2 Häuser bergauf in der Schankwirtschaft „Zur Schwarzen Kunst“. Hier warten 3 unterschiedlich große Kellergewölbe und im 1. Obergeschoss ein Barocksaal mit bemalter Holzbalkendecke aus dem Jahr 1722 auf Ihren Besuch. Die absolute Empfehlung in diesem Haus ist die Knoblauchsuppe im Brotlaib (Die Suppenterrine kann man mitessen.) Angeboten werden auch verschiedene klassische schlesische Gerichte. Besonders gemütlich sind im Winter die Plätze rund um den großen Kamin. Hier gibt es sicher die Gelegenheit, mit Görlitzern ins Gespräch zu kommen, denn die Stammgäste treffen sich meist rund um den Tresen, in dessen Nähe.

Bemerkenswert ist auch die vom Eigentümer des Hauses, einem Buchbinder, zusammengetragene kleine Ausstellung zur Kunst des Buchbindens und –druckens. In dieser Beziehung steht auch der Name der Gaststätte.

Schankwirtschaft
Zur Schwarzen Kunst

An einem gemütlichen Winterabend im Keller oder im Sommer auf der Terrasse können Sie hier die Sagen der Stadt in ungewöhnlicher Präsentation nachlesen.

Schankwirtschaft
„Zur Schwarzen Kunst“
02826 Görlitz, Neißstraße 22,
Tel: 03581/418125
schwarzekunst@t-online.de
www.zurschwarzenkunst.de

Hotel & Gasthof
Dreibeiniger Hund

Gasthof
“Dreibeiniger Hund”
Büttnerstraße 13,
02826 Görlitz
Tel.: 03581 / 42 39 80
täglich ab 11.00 Uhr

Auf Tour, die Gaststätten der Görlitzer Altstadt zu entdecken, sollten Sie keinesfalls versäumen, dem Restaurant im „Dreibeinigen Hund“ einen Besuch abzustatten. Das Restaurant befindet sich in einem traditionellen Handwerkerhaus der Büttnerstraße und bietet Gaststuben auf vier Etagen, einen Biergarten vor dem Haus und ein Hofrestaurant. Zu empfehlen ist, passend zu den historischen Räumlichkeiten, die auf regionalen Traditionen aufbauende Küche mit ihren ausgefallenen Angeboten und Spezialitäten.

Übrigens, der Name des Hauses verbindet sich mit einer alten Görlitzer Sage. Sie erzählt von einem gruslig aussehenden, schwarzen, Angst einflößenden, dreibeinigen Hund, der ... – aber das erfahren Sie ja alles vor Ort!

Restaurant Schwibbogen

Obermarkt 34,
02826 Görlitz
Telefon:
03581 / 40 10 69

Mo: 11.30-23.30 Uhr
Di: 11.00-14.00 Uhr
Mi-Do: 11.30-23.30 Uhr
Fr-So: ab 11.30 Uhr

Das Restaurant Schwibbogen gehört zu den traditionellen Gaststätten der Stadt. Hier kann man gute schlesische Küche erwarten, allem voran natürlich das "Schlesische Himmelreich". Probieren Sie aber auch mal die "Breslauer Guttschmecke". Für diese hervorragende Suppe erhielt der "Schwibbogen" 2003 den Titel des "Deutschen Suppenstars".

Die Super-Suppe kommt aus Görlitz

Bei Pomp, Duck and Circumstance löffelte eine Jury in tiefen Tellern

20. Nov 2003 DER TAGESSPIEGEL

Die [illegible] von tiefschürfend (Schauspiel[illegible] h bin auf der Su[illegible] pe") über sach[illegible] Platt: „Sie ent[illegible] Fehler") bis schrill, [illegible]spielerin Rosalind Baffoe konstatierte: „Ich finde, das schmeckt wie eine richtige Suppe." Im Spiegelzelt von Erlebnisgastronom Hans-Peter Wodarz („Pomp, Duck and Circumstance") spielte eine Jury gestern „Deutschland sucht den Suppenstar". In den Tellern: Tomatensuppe mit Shrimps, Kürbiskartoffel- und Pannfischsuppe, der Stillachtaler Gaumenwirbel und die „Breslauer Guttschmecke" aus Görlitz. Schauspieler, Journalisten und Feinschmecker genossen in entspannter Atmosphäre vor einem Dutzend Fotografen („Mariella Ahrens, bitte mal den Löffel eintauchen!") etwas Warmes und ließen die „Guttschmecke" gewinnen. **mhi**

Breslauer "Guttschmecke"

Schlesisches Himmelreich

Die in den Gasträumen ausgestellten Terrakotten aus dem 17. Jahrhundert zogen bereits eine Reihe von Kunstwissenschaftlern an.

Schankhaus Zum Nachtschmied

Obermarkt 18, 02826 Görlitz
Tel./Fax: 03581 / 41 16 57
mobil: 0172 / 919 79 90

Di-So 11.30-15.00 Uhr + ab 18.00 Uhr

Traditioneller Bestandteil der Görlitzer Gastronomie ist das Schankhaus "Zum Nachtschmied". Die Geschichte dieser Gaststätte beginnt bereits im Jahr 1870. In der altdeutschen Gaststube erwarten Sie eine ausgesprochen angenehme Atmosphäre, meist bei Kerzenschein, ein Kamin und die ausschließlich gutbürgerliche, regionale und schlesische Küche. Die Bezeichnung des Hauses ist mit der gleichnamigen Görlitzer Sage verbunden.

Rezept "Schlesisches Himmelreich, Restaurant "Bürgerstübl"

1144. Backobst mit Klößen oder schlesisches Himmelreich. Das schlesische Himmelreich wird stets mit geräuchertem Schweinefleisch gekocht. Für 4 Personen nimmt man 500 g gemischtes Backobst (getrocknete Kirschen schmecken gut dazwischen), wäscht es mehrmals mit warmem Wasser, legt es in einen irdenen Topf, gießt so viel kaltes Wasser darüber, daß es gut bedeckt ist und läßt es wenn möglich über Nacht in der lauwarmen Röhre stehen, damit sie schön rund aufquellen. Am andern Tage läßt man 1 Stück geräuchertes Schweinefleisch in nicht zu viel Wasser langsam halbweich kochen, tut dann die aufgequellten Birnen dazu, nach ½ Std. das übrige Backobst mit dem Wasser, worin sie über Nacht gestanden haben und läßt alles zusammen weichkochen. Dann macht man es mit gelbem Schwitzmehl leicht sämig. Ist das Fleisch früher weich als das Obst, so nimmt man es heraus und hält es warm. Dazu werden Kartoffelklöße serviert.

Auf andere Weise kocht man das Backobst, indem man es mit Wasser reichlich bedeckt aufs Feuer setzt, 1 Stück Zitronenschale, Zimt und einige Nelken hinzutut und langsam weichkochen läßt, dann gießt man die Brühe ab, macht sie mit ein wenig klargerührtem Mehl leicht sämig, gibt etwas Rotwein und Zucker dazu und läßt das Obst noch einmal darin durchkochen. Man kann dazu Grieß- oder Semmelklöße oder Mehl- oder Semmelpudding geben.

Illustriertes
KOCHBUCH
von Mary Hahn

1912

Das abgedruckte Rezept wurde dem Kochbuch der Mary Hahn aus dem Jahr 1912 entnommen.

Wenn Sie das „Himmelreich" in einer der Görlitzer Gaststätten ausprobieren, werden Sie feststellen, dass dies nur eine von vielen möglichen Variationen ist.

schlesisches Himmelreich.

Bürgerstübl
Inh. M. Schwarz
Neißstr. 27 • 02826 Görlitz • Tel.: 03581/ 879 579

Mo-Sa ab 18.00 Uhr
zusätzlich Fr, Sa, So
und an Feiertagen
Mittagstisch ab 12.00 Uhr
www.Buergerstuebl-Goerlitz.de

Das "Bürgerstübl" zählt zu den ältesten Gaststätten der Stadt Görlitz. Nahezu ungebrochen lässt sich die Ausschanktradition in diesem Haus bis in das Mittelalter zurückverfolgen. Die heutige Einrichtung stammt aus dem 19. Jahrhundert und wurde von dem derzeitigen Betreiber nur unwesentlich ergänzt.
Auf der Karte des Restaurants stehen hauptsächlich Gerichte der regionalen und der schlesischen Küche. Besonders empfehlenswert sind die Bier-Zwiebel-Suppe, der Spanferkelrollbraten, die Ratsherrenpfanne und, natürlich, der Narrenteller. - Guten Appetit!

Der Keller des Hauses lädt haupsächlich zum Biertrinken und Genießen von gutem Wein ein. Hier gibt es nur ein ergänzendes Speisenangebot.

Auf einen gemütlichen Abend! - Zum Wohl!

Eine lohnenswerte Unterbrechung Ihres Spazierganges durch die Altstadt bietet Ihnen die Galerie 13 in direkter Nähe zur Altstadtbrücke. In der Umgebung einer ständig wechselnden und geschickt arrangierten Ausstellung regionaler und internationaler Künstler genießen Sie am besten die nach alten schlesischen Rezepten gebackenen Kuchen zum Kaffee. Mit ein wenig Glück, und natürlich schönem Wetter, sind ja noch die beiden besten Plätze vor dem Haus frei. Nutzen Sie die Zeit auch für ein anregendes Gespräch mit den beiden Betreibern. Das junge Paar gehört zu den engagierten "Neugörlitzern", hat viel zu erzählen und jede Menge Tipps, Görlitz zu erleben, parat.

Galerie 13 und Café
Neißstr. 13, 02826 Görlitz
Tel.: 03588-222332
Fax: 03588-205945
mobil: 0173-1922991
galerie-13@web.de
täglich 10-18 Uhr

Das "Caffè Kränzel" ist eine Espressobar, in der man schon ab 7.30 Uhr (am Wochenende ab 9.00 Uhr) einen richtig guten Cappuccino bekommen kann. Die beiden Betreiber des "Caffè Kränzel" versuchen, die italienische Espressobarkultur in den Görlitzer Alltag zu etablieren. Der ideale Ort also für eine zünftige "Caffè"-pause. Das "Caffè"-angebot ist sehr umfangreich, der Vielfalt der Variationen kaum Grenzen gesetzt. Ein frisches Stück Kuchen ist auch immer zu bekommen und für Frühaufsteher gibt es ein kleines Frühstück. Bei großen Gruppen kommt die kleine Espressobar schnell an die Grenzen ihrer Kapazitäten. Da der "Caffè" weitgehend von Hand gemacht wird, kann die "Caffè"-pause schon mal etwas länger dauern. Dafür steckt in jeder Tasse garantiert viel Leidenschaft, die man natürlich schmeckt. Ganz nach dem Motto: Es sind die kleinen Dinge des Lebens ... .
Im "Caffè Kränzel" werden unterschiedliche Espressoröstungen zum Genuss angeboten, auch eine spezielle Hausröstung. Nutzen Sie Ihre "Caffè"-pause, mal wieder so richtig über "Caffè" zu fachsimpeln.
Ergänzt wird das "Caffè"-angebot durch Lesungen und von Zeit zu Zeit durch Livemusik. Hier stehen die kulturellen Türen jedem offen, der auf seine ART zu begeistern weiß.

Espressobar
Caffè Kränzel
Neißstr.24, 02826 Görlitz
Tel.: 03581 / 76 74 43
SA-SO 9.00 Uhr - 20.00 Uhr
MO-DO 7.30 Uhr - 20.00 Uhr

Café „Amelie“, Café „Flair“

Café „Amelie“
Steinweg 4, 02826 Görlitz
Tel./Fax: 03581 / 87 93 90
www.cafeamelie.de
April-Dezember:
Di-Fr 14.00-21.00 Uhr
Sa/So 9.00-21.00 Uhr

Ein kleines, gemütliches Café mit garantiert individueller Bedienung finden Sie in der Nikolaivorstadt auf dem Steinweg. Dieses Café ist eine Empfehlung für alle, die Ruhe suchen. Hier gibt es zum guten Kaffee auch guten - **selbst gemachten** - Kuchen. Die nahezu sprichwörtliche Ausgeglichenheit und Freundlichkeit der beiden Wirte wird Sie anstecken. Entsprechend vorbereitet können Sie ja im Anschluss an den Kaffee einen Spaziergang zum “Heiligen Grab” machen. Es ist von hier aus, entlang des symbolischen Kreuzweges, in ca. 10 min erreichbar. Auch der Nikolaifriedhof mit dem Grab Jakob Böhmes ist nur einen Katzensprung entfernt.

Wenn Sie auf Ihrem Spaziergang durch die Stadt auf der Brüderstraße einem Werbeschild begegnen, auf dem “Kalter Hund” angepriesen wird, dann stehen Sie vor dem Café “Flair”. Hier gibt es eine ganze Reihe dieser kalorienreichen schlesischen Spezialitäten und dazu die zum Genießen nötige Ruhe. Für Eilige hält der Wirt auch einige kleinere Speisen bereit, damit Sie nicht mit hungrigem Magen weiterziehen müssen.

Genießen Sie Schlesischen Mohnkuchen und viele weitere schlesische Spezialitäten

täglich von 10 - 18 Uhr

Café Flair
Brüderstrasse 3
02826 Görlitz
Tel./Fax: 03581/41 35 40
www.cafe-flair.info

FILETTO
Restaurant

Herzlich willkommen sind Sie auch im Restaurant "Filetto" eingangs der Peterstraße. Freuen Sie sich auf geschmackvolle Gastlichkeit in unserer historischen Altstadt und lassen Sie sich von der Vielfalt der mediterranen Küche verführen. Gewürzt mit Liebe und Geschicklichkeit, verwandeln sich marktfrische Zutaten unter den Händen des Küchenchefs in wahre Leckerbissen.

Restaurant FILETTO

Inhaber: Thomas Holfert
Peterstraße 1 · 02826 Görlitz
Telefon 03581/ 42 11 31

Öffnungszeiten:

Mo - Fr	17.30 - 24 Uhr
Sa	12 - 15 Uhr · 17.30 - 24 Uhr
So	12 - 15 Uhr · 17.30 - 22 Uhr

Lelia's GARTEN
Café · Bar

"Lelia´s Garten"
Untermarkt 16
Tel.: 03581 / 41 12 45

Selten lässt sich an einem Ort so viel historische Bausubstanz besichtigen und bestaunen. Kein Wunder, dass man nach einem langen und erlebnisreichen Tag in Görlitz ein bisschen Erholung gut gebrauchen kann – und wo könnte man sich besser erholen als in einem Garten.
Damit auf die Entspannung kein langer Nachhauseweg folgen muss, hat das Hotel "Börse" für Sie eine kleine grüne Oase geschaffen: "Lelia's Garten". Hier wartet auf Sie eine kleine, aber feine Auswahl verschiedener Getränke und Leckereien.

"Lelia´s Garten" besticht durch seine Ruhe und sein exklusives Angebot. Hier finden Sie einen Ruhepol in der manchmal sehr unruhigen Altstadt.

Restaurant "St. Jonathan"

Patrizierhaus
St. Jonathan

Restaurant
"St. Jonathan"
Peterstraße 16
02826 Görlitz
Telefon:
03581 / 42 10 82

Mediterrane Steakküche auf hohem Niveau, Antipasti, Pasta und Salate erwarten Sie im Restaurant St. Jonathan, im größten Hallenhaus der Stadt Görlitz. Dieses mit viel Liebe und vor allem sehr viel persönlichem Engagement sanierte Altstadthaus, besser Stadtpalast, beherbergt ein ganz besonderes Restaurant, auch wegen eines einmaligen Raumerlebnisses.
Bereits in der erdgeschossigen Halle wählen Sie Ihren Platz zwischen Romanik, Gotik oder Barock. Hier sind, deutlich ablesbar, mehrere Bauepochen und Hausachsen erhalten und werden nun geschickt als ein gemeinsamer Gastraum präsentiert. Die Zeitreise beginnt unter einem romanischen Gewölbe, welches zum Teil Bestandteil eines der ältesten, noch erhaltenen mittelalterlichen Gebäude der Stadt Görlitz ist. Die Türöffnung in der Schildwand des Gebäudes deutet auf eine ursprüngliche Zweigeschossigkeit hin. Vermutlich gehörte dieser Hausteil zu den ältesten Görlitzer Freihöfen, so weit sie noch heute nachvollziehbar sind.

Das benachbarte Springrippengewölbe ist auf die Zeit um 1450 datiert, entstand also in der Blütezeit der Stadt. Die Wölbung der südlichen Teile des heutigen Gastraumes wurde vermutlich erst nach dem Stadtbrand 1717 ausgeführt.

Gastraum im Erdgeschoss

Hauskapelle
1. Obergeschoss

Haushalle
3.Obergeschoss

Renaissancesaal

Zahlstein in der Haushalle

barocke Holzbalkendecke 1. Obergeschoss

Aus der gleichen Zeit stammt auch die Zentralhalle, übrigens die größte der Stadt, wie man Sie heute erleben kann. Eine vermutlich bereits vorher existierende Haushalle wurde dabei überbaut und vergrößert.

Zusätzliche Gasträume für ganz besondere Gelegenheiten befinden sich auf dem Niveau des 1. Obergeschosses im Renaissancesaal und in der Gloriakapelle, der gotischen Hauskapelle des Hauses.

Des Weiteren wurden bei den Sanierungsarbeiten in den Obergeschossen verschiedene barocke Stuck- und bemalte Holzbalkendecken entdeckt und wiederhergestellt.

Baugeschichte hin oder her, im Sommer sind die schönsten Plätze in dem ausgesprochen stilvoll angelegten Garten.

Zusätzlich zu der kulinarischen Offerte können Sie hier wunderschönes, mittelalterliches, historischen Vorbildern nachempfundenes Waldglas bewundern und natürlich erwerben. Zum Programm gehören u.a. exklusiv für dieses Haus hergestellte Obstbrand- und Grappagläser in einer ganz eigenen Designlinie.

Da das "St. Jonathan" zu den beliebtesten Restaurants der Stadt zählt, empfiehlt es sich, Plätze vorzubestellen.

Haushalle

Patrizierhaus St. Jonathan

Restaurant “Le Trou”, Restaurant “Frenzelhof”

Le Trou
NORMAND
GAULT MILLAU
Der Reiseführer für Genießer

02826 Görlitz, Untermarkt 13
Tel.: 03581/41 70 37
Fax: 03581/41 70 38
http://www.letrou.de
mail@letrou.de
April-Sept.: ab 12.00 Uhr
Küche 12.00-15.00/18.00-23.00 Uhr
im Winter montags ab 18.00 Uhr

Einen der Höhepunkte der Görlitzer Gastronomie finden Sie am Untermarkt, auf der Südseite der Zeile, im schmalsten Barockhaus des Platzes. Nehmen Sie sich die Zeit, im “Le Trou” anspruchsvolle Gastronomie zu genießen und erleben Sie französische Gastlichkeit, die Feinheiten der normannischen Küche und eine auserlesene französische Weinkarte. Sehr spezielle Erlebnisse garantiert z.B. auch ein Abend im kleinen, aber gemütlich eingerichteten Weinkeller des Hauses oder im barocken Salon im 2. Obergeschoss.
Übrigens, seit kurzem finden Sie das “Le Trou” auch im Gault Millau, dem Reiseführer für Genießer.

Restaurant Frenzelhof
Untermarkt 5,02826 Görlitz
Tel.: 03581/420872
Fax: 03581/420874
www.frenzelhof.de
info@frenzelhof.de
täglich ab 18 Uhr und nach Vereinbarung geöffnet

Der Frenzelhof ist eines der ältesten Hallenhäuser in Görlitz. An der großen europäischen Handelsstraße „via regia“ gelegen, war das um 1500 erbaute Haus eines der wichtigsten Handelshöfe. Heute befindet sich in diesem Haus ein Restaurant, in dem Sie Spezialitäten der regionalen und schlesischen Küche genießen oder einfach den Abend mit einem Schoppen Wein im historischen Ambiente ausklingen lassen können. Für Familien- und Firmenfeiern bietet der Renaissancesaal eine besondere Atmosphäre.
Nach Absprache wird den Gästen des Hauses eine fachgerechte Führung durch die Schatzkammer – dem Herzstück des Frenzelhofes - geboten. Sie ist in ihrem Zustand nahezu einmalig und zeigt wertvolle, um 1500 entstandene religiöse Wandmalereien.

Lucie Schulte · Weinhaus Krüger
in den Höfen am Untermarkt, Görlitz

Tritt man durch den Flüsterbogen am Haus Untermarkt 22, begibt man sich in eine eigene kleine Welt. Scheinbar jenseits jeder Hektik gießen dort Gastronom und Weinhändler Axel Krüger und seine Frau Friederike im Sommer ihre Bäumchen, Blumen und Kräuter, schneiden auf einer alten Holzleiter balancierend die Weinstöcke zurück oder ermahnen augenzwinkernd die Köche aus ihrem erstklassigen Restaurant „Lucie Schulte“, wirklich nur immer soviel vom duftenden Rosmarin, Basilikum oder der Minze zu zupfen, wie sie in der Küche verbrauchen.

Gebrutzelt wird
Montag bis Samstag
ab 18 Uhr.
Reservierungen unter:
weinkrueger@t-online.de

Zeit für ein Gespräch mit der Nachbarin, die den ‚Laden der schönen Dinge“ betreibt, den täglich vorfahrenden Fisch-, Fleisch- oder Gemüsehändlern und natürlich den vielen einheimischen wie auswärtigen Gästen finden die beiden fast immer. Und so kommt es, dass man in den Höfen von Görlitz nicht nur auf hohem Niveau speisen, exzellente Weine (die erfreulich fair kalkuliert sind) trinken oder mitnehmen kann, sondern auch mit den “wichtigsten” Nachrichten aus dem Stadtgeschehen versorgt wird.

Lucie Schulte

Auf ganz eigene Art können Sie im Sommer mediterranes Flair so richtig genießen, wenn Sie vor “Wito´s Kleiner Marktwirtschaft” Platz nehmen. Die reich blühenden Oleandersträucher und andere südliche Pflanzen versetzen Sie in die Atmosphäre einer italienischen Piazza.

Wito´s Kleine Marktwirtschaft
Untermarkt 10, 02826 Görlitz
im Sommer ab 12.00 Uhr und
im Winter ab 18.00 Uhr geöffnet

Während Sie einen Cappuccino oder Latte machiato, einen sommerlich frischen Wein oder ein einheimisches Bier genießen, können Sie Wito, dem Wirt, zusehen, wie er leckere - immer frische - Salate, Pasta und andere Genüsse der mediterranen Küche in seiner Sommerküche zaubert. Aus den Körben mit frischem Gemüse und Kräutern können Sie sich die Früchte auch selbst aussuchen. Wenn Wito dann ´rumbrummelt, dass man sowieso lange warten muss und dass außerdem viel zu viele Gäste da sind, dann gehört das zur besonderen Note des Hauses und wird von liebevoll zubereiteten Gerichten und kreativ gestalteten Tellern spätestens beim Servieren ins Gegenteil verkehrt.

In der Zeit des Wartens genießt man das Leben auf dem Platz und erfährt ganz nebenbei alles, was man über Görlitz wissen muss und kann, denn die “Kleine Marktwirtschaft” ist Treff- und Kommunikationspunkt nicht nur für Touristen, sondern auch für Kommunalpolitiker, Geschäftsleute und Künstler aller Art. Dass Wito in Görlitz zu den bestinformierten Leuten gehört, ist für sein Lokal - im Winter vermutlich das kleinste der Stadt - jedenfalls kein Nachteil.

Restaurant "Rasputin", Restaurant „Zum Marschall Duroc“

Im damaligen Wohnhaus des großen Görlitzer Renaissance-humanisten B.Scultetus werden Ihnen heute die Gaumenfreuden der östlichen Küche serviert. Russische, kirgisische und georgische Küche stehen hier im Mittelpunkt. Besonders zu empfehlen sind Asu, Plow, natürlich das obligatorische Schaschlik und der berühmte Kosakentopf, wenn Sie möchten, mit ukrainischem Bier.

РЕСТОРАН

02826 Görlitz
Peterstr. 4
Tel.: 03581/ 31 52 22

Übrigens: Mit dem Kosakentopf verhält es sich ähnlich wie mit dem Römerbraten, dem Jägerschnitzel oder dem Hundekuchen - es ist ganz bestimmt kein Kosak drin.

Speisen wie Zar und Bojar

Im Sommer finden Sie die besten Plätze in einer der schönsten Haushallen der Altstadt, welche Sie an südliches Flair erinnern wird.
In diesem Haus befindet sich auch eine Pension. Fragen Sie einfach im "Rasputin" nach.

Hotel "Zum Marschall Duroc"
Girbigsdorfer Str. 3,
02829 Holtendorf/Görlitz
Tel.: 03581 / 73 44
www.hotelmarschallduroc.de
info@hotelmarschallduroc.de

Sonnenuntergang am Rande der Stadt ...

Entspannung von all den Entdeckungen in der Stadt können Sie in dem Restaurant des 3-Sterne-Hotels "Zum Marschall Duroc" am Rande der Stadt finden. Es werden internationale und regionale Spezialitäten angeboten. Setzen Sie sich am Abend nach dem Essen auf die Terrasse des ausgesprochen gepflegten Restaurants und genießen Sie bei einem Glas Wein den Sonnenuntergang.

Nun, auch hier werden Sie auf die Spuren der Geschichte der Region stoßen. Das Haus trägt den Namen von Napoleons Marschall Géraud-Christophe-Michel Duroc (1772-1813), welcher ganz in der Nähe bei einer Schlacht sein Leben verlor.

Kings Pub – Original Irish Pub

Hospitalstr.37,
02826 Görlitz
phone: 03581 / 413 739
fax: 03581 / 410 512

Für Fans irischen Bieres und Freunde geselliger Abende ist das Kings Pub in der Hospitalstraße zu empfehlen. Die einzige Görlitzer Kneipe mit einer riesigen Auswahl an irischem und englischem Gerstensaft finden Sie in der Görlitzer Innenstadt, unweit von Straßburg-Passage und Wilhelmsplatz. Der schmale Gastraum fordert geradezu Kommunikation heraus. Wenn Sie also an Görlitzkontakten interessiert sind, ist dieses Pub ein unbedingtes Muss.

Öffnungszeiten:
Montag bis Freitag ab 18 Uhr,
Sonnabend und an Feiertagen
ab 19 Uhr,
Sonntag ist Ruhetag

Informationen zu livemusic im Pub:
www.pubs.guinness.de/0024

"KochKunstKommunikation" lautet das Programm der angesagtesten Szenegaststätte der Görlitzer Altstadt, dem Treffpunkt aller "wichtigen" Görlitzer. Wer im "Salü" keine neuen Bekanntschaften macht, ist selbst schuld. Dem Gespräch auszuweichen ist vermutlich die kompliziertere Übung.

Salü
KochKunstKommunikation

Lifestyle trifft klassische Gastronomie!

Das "Salü" fällt besonders durch sein opulentes Spirituosenangebot auf. Zu empfehlen ist in jedem Fall die ausgefallene Küche des Hauses, fernab vom Mainstream deutscher Kochkünste. Das Angebot wechselt täglich, sprechen Sie also einfach mit dem Personal, meistens bedient ja der Chef selbst. Sein Handwerk erlernte er bei E. Witzigmann.

Restaurant "Salü"
Schwarze Str. 7
02826 Görlitz
Tel.: 03581 / 412410

Öffnungszeiten:
Mo - Sa ab 18 Uhr

CAMILLO

Programmkino - Kneipe

Angesagter Treffpunkt für Görlitzer ist auch die kleine Kneipe Camillo, Handwerk/Ecke Kränzelstraße. Das Camillo gehört zu den kleinsten Kneipen der Stadt, ist aber d e r Kommunikationspunkt für die Szene in Görlitz. Hier treffen Sie Studenten, Intellektuelle und natürlich Kinoliebhaber. Bei Bier, Wein und ausgewählten Speisen ergeben sich in dem kleinen Gastraum jede Menge Gelegenheiten für viel mehr als nur Small Talk.

Im benachbarten Kellergewölbe können Sie beim Bier all die Filme sehen, die Sie in den großen Kinos der Welt vergeblich suchen oder welche dort schon lange nicht mehr gezeigt werden. Die Vorstellungen beginnen in der Regel 20.30 Uhr, mittwochs zusätzlich 17.30 Uhr.

Camillo
Programmkino - Kneipe
Handwerk 13, 02826 Görlitz
Tel.: 03581 / 66 19 20
www.camillokino.de
Montag geschlossen

Restaurant „BON•APART"

Hausgebrautes Bier und auf Bier abgestimmte Speisen können Sie im Restaurant des Hotels "Bon Apart" genießen.

Auffallend ist hier der Reiz des unterschiedlichen Ambientes. Während Sie im Éntree die gemütliche Atmosphäre einer Biergaststätte vorfinden, überrascht der dahinter befindliche Festsaal mit prachtvollem, barock anmutendem Prunk.

www.bon-apart.de

BON · APART

Privat Hausbrauerei
FRITZ BRÄU
Elisabethstr. 41. 02826 Görlitz
Tel.: 03581 / 48 080

Öffnungszeiten:
Montag bis Sonnabend 17.00-24.00 Uhr

Übernachten in Görlitz

Es ist unmöglich, Görlitz an einem Tag zu erleben

Die interessantesten Hotels, Pensionen und Ferienwohnungen der Stadt

Kulturinsel Einsiedel

Der grüngeringelte Abenteuer-Freizeit-Park in der östlichsten Gemeinde Deutschlands

02829 Neißeaue / Zentendorf
Tel.: 035891 / 4910
Fax: 035891 / 49111
mail: pop@kulturinsel.de

www.kulturinsel.de

KULTURINSEL EINSIEDEL

Bergamo
Modelpfutz
Bodelmutz

Blockhauscafé
Feuerschenke
Baumhaus
Kulturscheune
Geisterschiff
Fontänental
Raritätenmuseum
Kleinkinderdorf
Kanibalen-Bad
Tipi-Dorf

Schattige Wege mäandern zwischen alten Bäumen und phantasievollen Holzkonstruktionen, die zum Klettern, Hineinkriechen, Herausschauen, Bewohnen oder Besitzen einladen. Geheimnisvolle Tunnelgänge durchziehen diese Spielwildnis, wo jeder wieder Kind sein kann. Und über allem thront weithin sichtbar das Baumhaus des Inselkönigs Bergamo. ...

Pyromanum
Mystum
Folklorum
Spielum

17 km nördlich von Görlitz

Fotos/Zeichnungen: www.narrato.com

Hotel & Gasthof
Dreibeiniger Hund

Wenn Sie für ein paar Tage die Görlitzer Altstadt von „innen" erleben möchten und die Ruhe lieben, dann steigen Sie einfach im „Dreibeinigen Hund" ab. Das Hotel befindet sich in einem traditionellen Handwerkerhaus inmitten der Altstadt – 3 Minuten vom Untermarkt entfernt – und trotzdem abseits des Trubels. Es erwarten Sie 14 komfortabel eingerichtete Zimmer mit originalen Möbeln verschiedener Epochen, moderne Badausstattungen, Aufzug, hoteleigener Parkplatz und ein Service, wie Sie ihn nur in Familienhotels vorfinden – für einige Tage ein neues zu Hause. Zeitige Reservierungen sind zu empfehlen, insbesondere zu den regelmäßig in der Altstadt stattfindenden Veranstaltungshöhepunkten.

Eine opulentes Frühstück erwartet Sie in dem historischen Renaissancesaal. Herzlich eingeladen sind Sie, den Tag nach einem erlebnisreichen Stadtrundgang in dem Restaurant des Hauses mit seinen 4 verschiedenen Ebenen zu beschließen.

Der Name des Hotels klingt ein wenig schaurig, steht aber in direkter Verbindung mit einer alten Görlitzer Sage, die von einem Hund berichtet, der ... , aber diese Geschichte lassen Sie sich besser vor Ort erzählen. Lassen Sie sich bei Ihrem Besuch auf jeden Fall den auf einem 300 Jahre alten Ziegel verewigten Fußabdruck zeigen.

Hotel & Gasthof "Dreibeiniger Hund"
Büttnerstraße 13, 02826 Görlitz
Tel.: 03581 / 42 39 80
info@dreibeinigerhund.de
www.dreibeinigerhund.de

Hotel "Börse", Herberge "Zum Sechsten Gebot"

HOTEL BÖRSE
GÖRLITZ

Nicht zu übersehen ist das Hotel „Börse", schräg gegenüber vom Rathaus am Untermarkt, direkt in der sagenumwobenen Altstadt.
Noch vor kurzem gaben sich in dem ehrwürdigen Bau zahllose Görlitzer das Ja-Wort – hier war bis zum Jahr 2003 das örtliche Standesamt untergebracht. Heute können sich die Gäste der „Börse" in den detailgetreu sanierten, individuell gestalteten Räumlichkeiten des stattlichen Barockgebäudes wie im 7. Himmel fühlen und sich in stilvoll eingerichtete Zimmer verlieben, mit traumhaft schönen Betten und wunderschönem, teils antikem Mobiliar auf spiegelndem Parkett. Die „Börse" bietet ihren Gästen behagliches Ambiente und das Flair vergangener Zeiten. Zahlreiche Sehenswürdigkeiten der Neißestadt lassen sich von hier aus bequem zu Fuß erreichen. Auch die Fußgängerbrücke ins polnische Zgorzelec ist nur einen Katzensprung entfernt. Einziger Wermutstropfen: Hat man erst einige Tage in der Börse verbracht, möchte man gar nicht mehr nach Hause...

Hotel "Börse"
Untermarkt 16, 02826 Görlitz
Information und Buchung:
www.boerse-goerlitz.de
Tel.: 03581 / 41 12 45
Fax: 03581 / 42 12 85

HERBERGE
ZUM SECHSTEN GEBOT

Herberge "Zum Sechsten Gebot"
Rosenstraße 8, 02826 Görlitz
Tel.: 03581 / 41 12 45
Fax: 03581 / 42 12 85
Das_6._Gebot@t-online.de
www.zumsechstengebot.de

Hier ist bestens aufgehoben, wer helle, gemütliche Zimmer zu moderaten Übernachtungspreisen zu schätzen weiß und eine familienfreundliche, entspannte Atmosphäre liebt. Vielleicht auch die unmittelbare Nähe zum wahrscheinlich beliebtesten Weinhändler der Stadt, die zentrale, aber ruhige Lage, das leckere und reichhaltige Frühstücksbuffet mit Blick auf unzählige große und kleine Blumenbilder und, und, und....
Die „Herberge zum 6. Gebot" befindet sich, leicht versteckt, in den Höfen hinter dem Flüsterbogen am Görlitzer Untermarkt. Dass das Haus in den Sommermonaten nur allzu schnell voll ausgebucht ist liegt daran, dass sich die Herberge unter Görlitz-Fans längst zum Geheimtipp gemausert hat. Also: lieber gleich schon mal den nächsten Ausflug planen – und beherzt nach dem schönsten Zimmer in der „Herberge" fragen!

Hotel & Restaurant "Silesia"
Biesnitzer Str. 11, 02826 Görlitz
www.hotel-silesia.com
Tel.: 03581 / 42 14 0
Fax: 03581 / 42 14 29

Unweit vom Bahnhof der Stadt bietet Ihnen das in einem denkmalgeschützten Gebäude des Jahres 1900 eingerichtete Hotel "Silesia" Entspannung vom anstrengenden Rundgang durch die Stadt. Alle 30 Zimmer verfügen über Dusche (teilweise Badewanne), WC, TV, Minibar und Internetzugang. Mit ein bisschen Glück ist ja noch eines der Zimmer mit Balkon zu haben. Ein eigenes Restaurant und der Biergarten laden am Abend zum Verweilen ein. Für Ihr Fahrzeug findet sich ein sicherer Platz im Hof des Hotels.

Die Mitarbeiter des Hotels "Silesia" sorgen sich nicht nur um Ihr Wohlbefinden, sondern sie bemühen sich auf Wunsch auch um Stadtführungen, fach- und sachgerechte Begleitung, um Vorträge zu Geschichte und Architektur der Region. Für die von Ihnen geplanten Veranstaltungen und Seminare steht Ihnen ein Konferenzraum mit 30 Plätzen zur Verfügung.

Einzelzimmer:
ab 39,-€
Doppelzimmer:
ab 59,-€

Hotel "Europa"
Berliner Str. 2, 02826 Görlitz
www.hotel-europa-goerlitz.de
hotel.europa.goerlitz@t-online.de
Tel.: 03581 / 42 35 0
Fax: 03581 / 42 35 30

Preiswerte Übernachtungen in 21 liebevoll eingerichteten Zimmern bietet Ihnen das Hotel "Europa" in der Berliner Straße. Hier wohnen Sie ruhig und doch mitten in der Innenstadt. Nach einem Verwöhnfrühstück können Sie von hier aus zu Fuß die Stadt Görlitz erkunden, auf Wunsch auch mit sachkundiger Führung. Sollte es am Abend in einer der vielen Altstadtkneipen mal etwas spät werden, brauchen Sie kein Taxi für den Rückweg. Per Pedes braucht man, ruhigen Schrittes, für den Weg vom Untermarkt zum Postplatz ca. 10 Minuten.

Hotel "Bon Apart", Hotel "Zum Marschall Duroc"

Hotel "Bon Apart"
Elisabethstraße 41,
02826 Görlitz
Tel.: 03581 / 48 08 0
Fax: 03581 / 48 08 11
www.bon-apart.de
Hotel-BonApart@t-online.de

Ein Erlebnis besonderer Art erwartet Sie im Hotel "Bon Apart", in unmittelbarer Nachbarschaft zur historischen Altstadt (2 min zu Fuß vom Untermarkt). Außergewöhnlich ist das Ambiente des Hauses, welches versucht, den Bogen zwischen Historismus und Moderne zu spannen. Das Hotel bietet 11 sehr großzügig geschnittene, komfortable, einzigartige Appartements, in denen bis zu 6 Personen "residieren" können.
Zusätzlich bietet das "Bon Apart" weitere 8 preisgünstige Pensionszimmer an.
Das dem Hotel angeschlossene Restaurant ergänzt dieses spezielle Angebot. Hier können Sie zum Essen das im Hause gebraute "Fritzbier" genießen.

Hotel "Zum Marschall Duroc"
Girbigsdorfer Str. 3,
02829 Holtendorf/Görlitz
Tel.: 03581 / 73 44, Fax: 73 42 22
www.hotelmarschallduroc.de
info@hotelmarschallduroc.de

Unmittelbar vor den Toren der Stadt, abseits des Stadtlärms, erwartet Sie das Komforthotel "Zum Marschall Duroc". Mit seinen 52 geschmackvoll eingerichteten Zimmern gehört dieses 3-Sterne-Haus zu den größeren Hotels der Stadt. In der ländlichen Umgebung, 10 Autominuten von der Altstadt entfernt, können Sie sich hier mal so richtig von der in dieser Region fast immer historischen Umgebung "erholen", sich prächtig verwöhnen lassen und am Abend von der Terrasse oder dem Wintergarten des Restaurants den Sonnenuntergang genießen.

Übernachten im Herzen der Görlitzer Altstadt in einem Hallenhaus mit über 500-jähriger Geschichte!

Der Frenzelhof ist eines der ältesten Hallenhäuser in Görlitz. Heute bietet es seinen Gästen Einblick in die Geschichte des mittelalterlichen Görlitz.
Sie übernachten hier in komfortablen und sehr geräumigen Doppelzimmern mit stilvoller Einrichtung im Herzen der Altstadt mit Blick auf den Untermarkt, die historische Rathaustreppe mit der Justitia, zur Zeile und zu den Türmen der Peterskirche. Reisen Sie mit dem PKW an, dann stehen Ihnen Parkplätze kostenfrei im gesicherten hoteleigenen Hofgelände zur Verfügung.
Gästen des Hauses wird eine fachgerechte Führung durch die Schatzkammer – dem Herzstück des Frenzelhofes - geboten. Die Kammer ist in ihrem Zustand nahezu einmalig und zeigt wertvolle, um 1500 entstandene, religiöse Wandmalereien aus dem Neuen Testament.
Die prächtige Gewölbeausmalung mit phantasievollen Blütenornamenten und Bändern, ein gemalter Fries mit Darstellungen prachtvoller Tuche, wertvoller Gläser, Pokale, Vasen sowie Früchte und Vögel und ein großes gotisches Vorhangbogenfenster gestatten einen Einblick in die Lebensgewohnheiten eines der bedeutendsten Bürger der Stadt Görlitz.

Hotel "Frenzelhof"
Untermarkt 5, 02826 Görlitz
Tel. 03581/420872 - Fax 03581/420874
www.frenzelhof.de - info@frenzelhof.de

Hotel „Zum Klötzelmönch"
Fleischerstraße 3, 02826 Görlitz
Tel.: 03581 47580
Fax: 03581 475820
info@frenzelhof.de
www.frenzelhof.de

Zum Klötzelmönch

Das barocke Gebäude des "Klötzelmönch" steht auf alten gotischen Mauern, zum Teil auf den ehemaligen Kellern eines Gebäudes, in dem sich die Altmeister bzw. Handwerker zu ihren Zusammenkünften trafen.

Das heutige Hotel bietet seit der komplexen Sanierung neun komfortable und voll ausgestattete Appartements und Suiten.
Seinen Namen trägt das Haus nach einer Sage: Ein Franziskanermönch soll in den Kellerräumen des Klosters am Obermarkt lebendig eingemauert worden sein. Er hatte sich an einem jungen Mädchen vergangen und es danach erdrosselt. Noch lange habe man den Mönch dort mit seinen Holzpantinen klappern hören.

Pension Zaremba

Eine sehr schöne und zudem noch preiswerte Pension im Kern der Görlitzer Altstadt finden Sie auf der Büttnerstraße bei der Familie Zaremba. 4 geschmackvoll eingerichtete Zimmer, eines davon mit bemalter, barocker Holzbalkendecke und ein Maisonette-Appartement im Dach des Hauses stehen Ihnen hier zur Verfügung. Im Frühstücksraum können Sie eine kleine Ausstellung mit historischen Spielsachen, zusammengetragen vom Hausherren, erleben. Die Pension gehört zu den beliebtesten Unterkünften der Stadt. Buchen Sie also rechtzeitig.

Pension Zaremba
Büttnerstr.8, 02826 Görlitz
Tel.: 03581 / 76 44 92
mobil: 0175 / 7 16 02 92
Reservierungen
wochentags 9.00-18.30 Uhr
Tel.: 03581 / 40 13 04

PENSION "GOLDENE FEDER"

Eine liebenswerte Pension finden Sie auch am ehemaligen Federmarkt und dem damaligen Gänsebrunnen, heute Kränzelstraße. In jedem Zimmer dieser Pension finden die Gäste Schreibpapier, Schreibfedern und Schreibstifte. Viele haben diese Gelegenheit, die abendliche Ruhe oder spezielle Inspirationen nach dem morgendlichen Frühstücksei (welches vom eigenen Bauernhof der Betreiberfamilie stammt) genutzt, ihre Erlebnisse in Görlitz niederzuschreiben. Verweilen Sie also ein wenig und nutzen auch Sie diese Chance.

Pension “Goldene Feder”
Handwerk 12, 02826 Görlitz
Tel.: 03581/400403 - mobil: 0174/9144886
steffi_weise@freenet.de

Ferienwohnung Jäschke

Familie Jäschke, Brüderstr.17, 02826 Görlitz
Tel.: 03581/414189 - 03581/412691 - Fax: 03581/402588
antik-jaeschke@t-online.de - www.antik-jaeschke.de

Zwei weitere interessante und vor allem preiswerte Ferienwohnungen finden Sie im Haus Brüderstraße 17 bei der Familie Jäschke. Besonders geeignet sind diese Wohnungen für Besucher der Stadt, die sich mehrere Tage Zeit nehmen, die Stadt zu entdecken. Sie wohnen hier, zwischen Ober- und Untermarkt, mitten in der Altstadt. Kontakt zum Eigentümer bekommen Sie per Telefon oder direkt im Haus.
Der Hausherr führt das Antiquitätengeschäft im Erdgeschoss des Hauses und wohnt mit seiner Familie im 1. Obergeschoss.
Für Interessenten, die längere Zeit in Görlitz verweilen möchten, stehen auch möblierte Wohnungen zur Verfügung.

Antiquitäten

Brüderstraße 17, 02826 Görlitz
www.antik-jaeschke.de

ANNE STAR EVENTs

Untermarkt 19, 02826 Görlitz
Tel.: 03581 / 87 99 90
Fax: 03581 / 87 99 93
mobil: 0174 / 96 68 740

Für alle, die direkt am Untermarkt logieren wollen, hält die Agentur Anne Star ein interessantes Angebot parat. Die ruhige, rückseitig gelegene Wohnung bietet allen Komfort, den man sich für einen mehrtägigen Aufenthalt in Görlitz wünscht.

Restaurant und Pension

Rasputin

РЕСТОРАН

02826 Görlitz
Peterstr. 4
Tel.: 03581/ 31 52 22

Die Pension im Hause des großen Görlitzer Renaissancehumanisten Bartolomaeus Scultetus erreichen Sie über das Restaurant “Rasputin”. Hier wohnen Sie mitten in der Altstadt und verpassen garantiert nichts. Und - für den Heimweg nach dem nächtlichen Kneipenbummel brauchen Sie garantiert kein Taxi.

Auszeit in Görlitz

Altstadtromantik
mit Neißeblick
Ihre Gastgeberin: Dagmar Eichhorn
Hotherstr.11
02826 Görlitz
Tel./Fax: 03581 - 76 41 51/52

Wohnungen mit ganz unterschiedlichem Ambiente bietet Ihnen die Pension "Auszeit" an. Zur Auswahl stehen eine Ferienwohnung, eine Minute vom Untermarkt entfernt im Haus Rosenstr. 10 für bis zu 3 Personen, eine etwas größere Wohnung (-4 Personen) und ein Appartement (-3 Personen) mit Blick auf die Neiße in der Hotherstr. 11/12 und eine wunderschöne Wohnung in einem aufwändig sanierten Jugendstilhaus in der J.-Curie-Str. 4 (-2 Personen).

Für Bahnreisende wird vom Vermieter ein Shuttle-Service von und zum Bahnhof angeboten.

Pension WILKENS

Blumenstraße 9, 02826 Görlitz
Telefon: 03581 / 41 15 14
Mobil: 0171 / 99 37 671
http://www.pension-wilkens.de
info@pension-wilkens.de

Vier liebevoll eingerichtete Gästezimmer (DZ) und eine Ferienwohnung mitten im Gründerzeitviertel der Görlitzer Innenstadt bietet Ihnen die Pension Wilkens an. Nehmen Sie den Werbeslogan "Verwöhnt wie bei Muttern" beim Wort und genießen Sie den Service des Hauses. Auch hier gibt es einen Shuttle-Service von und zum Bahnhof. Vielleicht nutzen Sie ja auch das Angebot eines Rundfluges über der Stadt Görlitz und ihrer Umgebung.

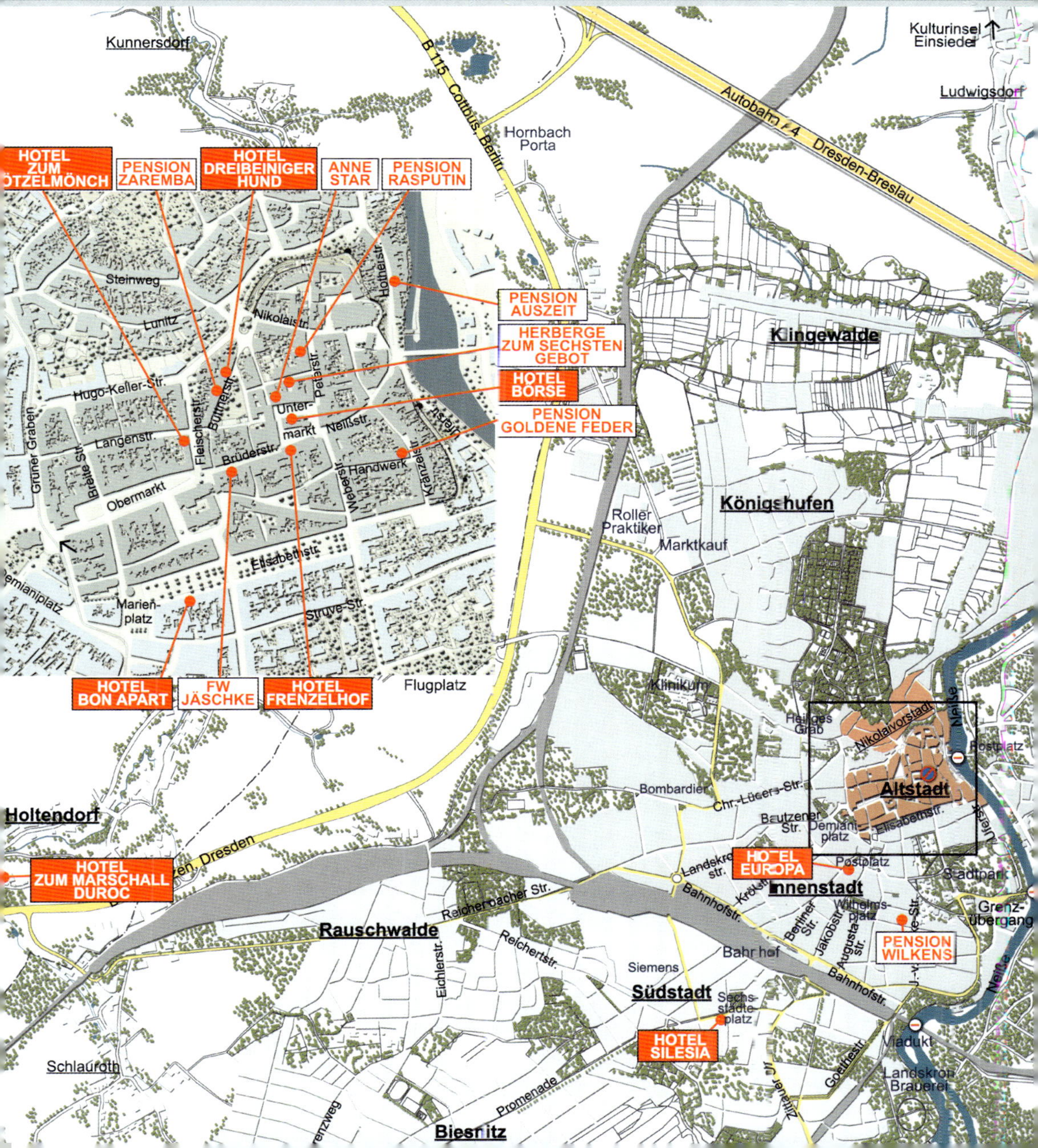
Kunnersdorf
B 115 Cottbus, Berlin
Autobahn A 4 Dresden-Breslau
Kulturinsel Einsiedel
Ludwigsdorf
Hornbach Porta
HOTEL ZUM ÖTZELMÖNCH
PENSION ZAREMBA
HOTEL DREIBEINIGER HUND
ANNE STAR
PENSION RASPUTIN
PENSION AUSZEIT
HERBERGE ZUM SECHSTEN GEBOT
HOTEL BÖRSE
PENSION GOLDENE FEDER
Steinweg
Lunitz
Nikolaistr.
Hotherstr.
Hugo-Keller-Str.
Peterstr.
Untermarkt
Neißstr.
Langenstr.
Fleischerstr.
Brüderstr.
Handwerk
Kränzelstr.
Grüner Graben
Breite Str.
Obermarkt
Weberstr.
Elisabethstr.
Demianiplatz
Marienplatz
Struve-Str.
HOTEL BON APART
FW JÄSCHKE
HOTEL FRENZELHOF
Flugplatz
Klingewalde
Königshufen
Roller Praktiker
Marktkauf
Klinikum
Heiliges Grab
Nikolaivorstadt
Postplatz
Neiße
Altstadt
Bombardier
Chr.-Lüders-Str.
Bautzener Str.
Demianiplatz
Elisabethstr.
Holtendorf
HOTEL ZUM MARSCHALL DUROC
Dresden
Reichenbacher Str.
Rauschwalde
Landskronstr.
HOTEL EUROPA
Postplatz
Stadtpark
Innenstadt
Bahnhofstr.
Berliner Str.
Jakobstr.
Wilhelmsplatz
Augustastr.
Grenzübergang
PENSION WILKENS
Reichertstr.
Eichlerstr.
Bahnhof
Siemens
Südstadt
Sechsstädteplatz
HOTEL SILESIA
Viadukt
Landskron Brauerei
Goethestr.
Zittauer Str.
Schlauroth
Promenade
Biesnitz

Hotels

Hotel Bon Apart	Elisabethstr. 41, 02826 Görlitz	am Rand der Altstadt, Restaurant mit eigenem Bier
Hotel Dreibeiniger Hund	Büttnerstr. 13, 02826 Görlitz	mitten in der Altstadt, gutes Restaurant
Hotel Europa	Berliner Str. 2, 02826 Görlitz	Innenstadt, 1 min vom Postplatz entfernt
Hotel Marshall Duroc	Girbigsdorfer Str. 2, 02829 Görlitz/ OT Holtendorf	am Stadtrand, 10 Autominuten zur Altstadt
Hotel Mercure	Uferstr. 17f, 02826 Görlitz	am Ufer der Neiße, 5 Fußminuten zur Altstadt, 4 Sterne, Restaurant
Mühlenhotel	Kleine Seite 47/48, 02829 Görlitz/ OTGirbigsdorf	ruhige Lage am Stadtrand, 15 Autominuten zur Altstadt
Hotel Silesia	Biesnitzer Str. 11, 02829 Görlitz	Südstadt, 5 Fußminuten vom Bahnhof (Südausgang), eigenes Restaurant
Hotel Sorat	Struvestr. 1, 02826 Görlitz	Zentrumslage, gegenüber Karstadt
Hotel Tuchmacher	Peterstr. 8, 02829 Görlitz	direkt an der Peterskirche, Renaissancegebäude, Restaurant "Schneiderstube"

Pensionen

Anne Star	Untermarkt 19, 02826 Görlitz	neben dem Rathaus, hofseitig gelegen
Auszeit	Hotherstr. 11, 02826 Görlitz	Blick auf die Neiße
Brauhaus Obermühle	An der Obermühle 5, 02826 Görlitz	direkt am Neißeviadukt, mit Restaurant, Kahnanlegestation
Destille	Nikolaistr. 5, 02826 Görlitz	am Nikolaiturm, mit Traditionsrestaurant
Goldene Feder	Handwerk 12, 02826 Görlitz	liebevoll restauriertes Barockhaus
Pension Kästner	Weberstr. 21, 02826 Görlitz	1 min vom Untermarkt entfernt
Pension Pico Bello	Uferstr. 32, 02826 Görlitz	preiswerte Unterkunft in ehemaligem Fabrikgebäude, direkt an der Neiße
Pension Wilkens	Blumenstr. 9, 02826 Görlitz	Innenstadt, 5 min bis Straßburgpassage
Pension Zaremba	Büttnerstr. 8, 02826 Görlitz	mitten in der Altstadt, Barockhaus mit bemalten Holzbalkendecken

Ferienwohnungen

Barockhaus	Brüderstr. 3, 02826 Görlitz	zwischen Ober- und Untermarkt, mit eigenem Parkplatz
Barockwohnung	Untermarkt 10, 02826 Görlitz	Mitte Altstadt, gemütliche Bar im Erdgeschoss
Goldener Apfel	Neißstr. 24, 02826 Görlitz	Altstadt, wunderschönes Barockhaus Espressobar im Hof
Fam. Jäschke	Brüderstr. 17, 02826 Görlitz	zwischen Ober- und Untermarkt, Antiquitätengeschäft im Erdgeschoss
Hallenhaus	Untermarkt 3, 02826 Görlitz	Altstadt, Hallenhaus am Untermarkt

Für Ihre Übernachtungswünsche während der Veranstaltungshöhepunkte in der Görlitzer Altstadt empfehlen wir Ihnen, rechtzeitig zu buchen.

GÖRLITZ - TOURIST

Ihr Partner vor Ort

Brüderstraße 1, 02826 Görlitz
Ansprechpartner: Matthias Buchwald
Tel.: 03581 / 475729 - Fax.: 03581 / 475731
www.goerlitz-tourist.de - m.buchwald@goerlitz-tourist.de

für Einzelgäste
- öffentliche Tagesfahrten
- Pauschalarrangements und thematische Reiseprogramme für Einzelreisende

für kleinere und größere Gesellschaften & Reisegruppen
- Stadtführungen in verschiedenster Form und nach individuellen Anforderungen
- Halbtages- und Tagesarrangements in und um Görlitz
- Gestaltungen von Firmen-, Vereins- und Familienfeierlichkeiten bzw. -veranstaltungen
- Ausflugsgestaltungen im gesamten Dreiländereck und darüber hinaus
- Organisation von Mehrtagesaufenthalten inkl. Übernachtung & Programm
- Reiseleitungen

... und natürlich eine ganz individuelle Beratung

Görlitz – Tourist bietet ein interessantes Jahresprogramm an öffentlichen Tages- und Mehrtagesfahrten durch das Dreiländereck Polen – Tschechien und Deutschland an. Ein spezielles Angebot stellen darüber hinaus Tageswandertouren durch die schönsten Gebirgsgegenden Schlesiens und Böhmens dar. Das aktuelle Jahresangebot kann angefordert werden.

Für diverse Gesellschaften und Reisegruppen übernehmen wir die Beratung, Planung, Organisation und Durchführung von Aufenthaltsprogrammen in Görlitz und durch die nähere und weitere Region des Dreiländerecks und darüber hinaus.

Reisen mit regional-, kultur- und kirchengeschichtlichem Schwerpunkt
politische Bildungsfahrten
Orgelnächte
Konzertfahrten
Spaziergang "Mit dem Stadtrat durch Görlitz"

via-regia-reisen

Information über Tourismusbüro i-vent, Görlitz, Tel.: 03581/ 42 13 62
e-mail: michaelprochnow@gmx.de

Reisen nach Schlesien, Böhmen und in die Oberlausitz

AKADEMISCHER REISEDIENST GÖRLITZ

Tel.: +49 (0)3581 - 42 16 73; Fax: +49 (0)3581 - 41 71 56 www.bartusch-bednarek.de

Die besonderen Stadtführungen

Görlitz sachkundig und unterhaltend erleben

Nur mit einer sachkundigen Führung kann man Görlitz wirklich kennen lernen

Stadtführungen

Öffentliche Führungen werden angeboten von:

Görlitz Information

Görlitz Tourismus & Marketinggesellschaft mbH

Brüderstraße 1, 02826 Görlitz,
Tel. +49(0)3581 47570, Fax +49(0)3581 475727,
e-mail info@g-tm.de,
www.g-tm.de, www.goerlitz.de

Eine Stadt wie Görlitz mit Ihrer sehr wechselvollen Geschichte und ihren ca. 4.000 Baudenkmalen ist nicht mit einem einzigen Spaziergang zu erfahren. Zumindest für den Einstieg macht es sich bezahlt, einen geführten Rundgang in Anspruch zu nehmen. Die Angebote in dieser Beziehung sind ausgesprochen vielfältig.

Die meisten Besucher der Stadt nutzen die mehrmals am Tag angebotenen öffentlichen Führungen. Dabei erhalten Sie eine Einführung in die Geschichte der Stadt Görlitz und der Oberlausitz und besuchen die wichtigsten Objekte der Historischen Altstadt und geben zumindest einen Überblick. Diese Rundgänge dauern ca. 1,5 Stunden.

Touristbüro i-vent 03581 / 42 13 62
www.goerlitz-tourismus.de

Brüderstraße 1, 02826 Görlitz,
Tel. +49(0)3581 47570, Fax +49(0)3581 475727,
e-mail info@g-tm.de, www.g-tm.de, www.goerlitz.de

Neben den öffentlichen Führungen gibt es eine Vielzahl spezieller Rundgänge, die von Ihnen gebucht werden können. Begleiten Sie Agnete Fingerin, den Nachtwächter, den Stadtwächter oder Schreyhals & Spielmann durch die Stadt und sehen Sie Görlitz mal mit ganz anderen Augen.

HISTORISCHE ALTSTADT - Klassischer Rundgang entlang faszinierender Architektur im historischen Stadtkern durch verschiedene Epochen der Zeitgeschichte. Führungen am Sonntag enden an der Peterskirche, mit der Möglichkeit, die Kirche zu besichtigen und an der Orgelvorführung der Görlitzer Sonnenorgel teilzunehmen.
Treffpunkt: Görlitzinformation, Brüderstraße 1 / ca. 90 min

AGNETE FINGERN - Mit der Tuchmacherwitwe Agnete Fingerin, einer bekannten Frauenfigur des mittelalterlichen Görlitz, unterwegs (4 verschiedene Themen) / ca. 90 min

GÖRLITZER NACHTWÄCHTER - Zu später Stunde, wenn die Dämmerung bereits eingesetzt hat, geht der „Nachtwächter" seine Runde und bietet seinen Gästen eine sagenumwobene Tour, bei der verschiedene Geschichten und Anekdoten „lebendig" werden. Die Kulisse der nächtlichen Altstadt trägt auf ihre Weise zum Gelingen und zum unverwechselbaren Erlebnis bei.
- am letzten Freitag im Monat - Beginn: 22:00 Uhr (März-September), 21:00 Uhr (Oktober-Februar) / ca. 60 Min.

AKTIONSKREIS FÜR GÖRLITZ e.V.
Klosterplatz - 02826 Görlitz
Telefon/Fax: 03581/41 77 36
akgoerlitz@t-online.de

Besonders kurzweilige Stadtführungen können Sie mit dem “Stadtwächter” erleben. Auf eine ganz andere Art “lehrreich”, zeigt Ihnen der Stadtwächter die Altstadt und erklärt, warum die Frau des Hauses im Portal Platz nahm, der Löwe der Rathausuhr nur auf Bestellung brüllt, oder was es mit dem Flüsterbogen auf sich hat. Auf Wunsch werden beim “Stadtwächter” auch Stadtrundfahrten mit der Kutsche angeboten. Warum laufen, wenn man auch gefahren werden kann!

Sehr beliebt sind die von Urania Reisen angebotenen Stadtspiele für Kinder und Jugendliche. Was Ihre Kinder hier gelernt haben, werden sie nie wieder vergessen. Wenn Ihnen Kinder oder Jugendliche mit Fragebögen entgegenkommen und möglicherweise knifflige Fragen stellen, dann sind sie gerade dabei, die Stadt ganz neu zu entdecken.

Eine besondere Führung können Sie von “Heidi in Schlesien” erwarten. Die engagierte Görlitzerin schlüpft dazu in die Rolle eines schlesischen Tippelweibes und hat, versprochen, viel zu erzählen. Mit ihr können Sie auch die nähere Umgebung der Stadt erkunden, das Kloster Marienthal in Ostritz besuchen oder das Fastentuch in Zittau entdecken.

Schreyhals & Spielmann, Stadtschleicher, Akademischer Reisedienst

Eine ausgesprochen unterhaltsame Variante, die Stadt kennen zu lernen, ist ein Spaziergang mit dem "Schreyhals & dem Spielmann" beim "Görlitzer Sagenspektaculum". Diese Führung findet regelmäßig jeden 1. Freitag im Monat statt, kann aber auch zu jedem anderen gewünschten Termin gebucht werden.

Sagenspektaculum
Schreyhals & Spielmann

Etwas mehr, als man zu Fuß erkunden kann, zeigt Ihnen der Stadtschleicher. Der klimatisierte Bus fährt 2 mal am Tag am Obermarkt ab und führt Sie zu den wichtigsten Gebäuden der Stadt, begleitet von einem sachkundigen Führer.

Besonders qualifizierte Führungen durch die Stadt Görlitz und alle wichtigen Orte der Umgebung bekommen Sie beim Akademischen Reisedienst Görlitz.
Hier werden Sie von Architekten und Kunsthistorikern geführt und gewinnen auf diese Art einen viel tieferen Einblick in Geschichte und Architektur der Stadt und ihrer Region.

Europamarathon Görlitz / Zgorzelec
Wir laufen jedes Jahr über Grenzen
www.europamarathon.de
Lenart, Jacek
Zadorożny, Zdzisław
Ziesch, Christoph
Pijanowski, Robert
Rudnik, Tomasz
Lübeck, Detlef
Beier, Matthias
görlitz zgorzelec 2010
budujemy europejską stolicę kultury
EUROPA
GÖRLITZ - ZGORZELEC
MARATHON
görlitz
zgorzelec
2010
GÖRLITZ-ZGORZELEC
EUROPA MARATHON
www.europamarathon.de
EIN LAUF DURCH ZWEI LÄNDER - BIEG PRZEZ DWA KRAJE - RUNNING ACROSS TWO COUNTRIES
EUROPA
GÖRLITZ - ZGORZELEC
MARATHON
challer, Klaus
Möhle, Monika
Zalewski, Robert
Gasse, Wilfried
Myka, Marek
Hansel, Cornelia

Görlitzer Geister
sagenhafter Obstbrand aus Görlitz
www.birgit-beltle.de
Das Wesen der Görlitzer Sagenwelt ... vereint mit drei Edelbränden - verwahrt in gotisch anmutenden stilvoll gestalteten gläsernen Gewölben - erweckt in diesem Bunde drei „Görlitzer Geister“ zu phantastischem Leben.
Präsentiert in einer versiegelten hölzernen Buchkassette, werden drei Sagen der Stadt Görlitz in Text und Bild vorgestellt.
Görlitzer Geister
Horst Navratiel
GOLDSCHMIEDEMEISTER GÖRLITZ
Brüderstraße • Telefon (0 35 81) 40 54 19
www.navratiel.de • Navratiel@t-online.de
Görlitzer®
ORNAMENTSCHMUCK
kreativer Schmuck aus Sandstein und Silber, gestaltet nach Ornamenten der Architektur der Görlitzer Altstadt

Einkaufserlebnisse

Shoppen in historischem Ambiente

Die Orte, wo Einkaufen noch ein Erlebnis ist,
oder
wo man unbedingt gewesen sein muss !

Porzellanhandmalerei, Ornamentschmuck, Handwerkerey

Vor dem Haus Neißstraße 18 sollten Sie Ihren Spaziergang unbedingt unterbrechen. Nehmen Sie sich die Zeit und werfen einen Blick in die Werkstatt der Porzellanmalerin Heidemarie Klinger. Hier finden Sie viele kleine Kostbarkeiten - von Hand bemalt!

Porzellanhandmalerei
Meissner Schule
Neißstr. 18, 02826 Görlitz
Telefon: 03581 / 40 31 07

Erinnerungsstücke ganz anderer Art finden Sie in dem Schmuckladen auf der Brüderstraße, links neben der Schwarzen Straße. Der Görlitzer Ornamentschmuck greift Motive der Architektur der Stadt auf, fasst sie in Silber und macht sie zu dekorativem Schmuck. Diese für Schmuck ungewöhnliche Kombination zwischen Sandstein und Sterlingsilber hat inzwischen schon eine Vielzahl von Liebhabern gefunden. Wenn auch Sie ein „Stück Görlitz" mit nach Hause nehmen möchten, bitte!

Zeitbezogene Ausreden, zumindest bei bedecktem Himmel, können Sie in der Handwerkerey am Untermarkt erwerben: tragbare Sonnenuhren!

Handwerkerey
Peterstraße 17, 02826 Görlitz
Tel.: (03581) 87 93 10

Engagiert bemühen sich einige Görlitzer, in den Räumen der Handwerkerey ein Stück Mittelalter erlebbar zu machen. Sie können in den Räumen des Hauses Peterstraße 17, im Sommer auch vor der Tür, verschiedene Handwerker bei der Arbeit beobachten.

Auch die Schmiedin, die ihr Lager auf der Südseite des Untermarktes aufgeschlagen hat, gehört zu dieser Gruppe. Vor Ihren Augen entstehen hier schmiedeeiserne Ringe, Brieföffner und sonstige, manchmal skurrile Schmuckstücke. Auch die berühmten Schusterleuchten gehören zum Angebot der Handwerkerin.

Einen der schönsten Verkaufsräume der Altstadt, welcher sich im Wesentlichen aus dem ausgehenden 19. Jahrhundert erhalten hat, finden Sie am Obermarkt, Ecke Steinstraße. Hier bekommen Sie für Ihre Wohnung oder Ihr Haus die passenden Accessoires, aber auch Kleinmöbel, schmiedeeiserne Leuchter, Kissen, Paids, Kurzgardinen, Plauener Spitze u.v.a.m.

Lohnenswert ist natürlich auch der Besuch des Jugendstilkaufhauses „Karstadt“ mit seinem riesigen Lichthof, der Fleischerei Bismarckstr. 3 mit ihren originalen Wandfliesen der Firma Villeroy & Boch (1911), der Messerschleiferei Lattka in der Weberstraße und, natürlich, der Straßburg-Passage zwischen Berliner Straße und Jakobstraße.

Obermarkt 7

Bismarckstr. 3

Karstadt-Kaufhaus (Aufnahme: SZ 5/1985)

Straßburg-Passage

Ihre Wünsche und Interessen sind aller Dinge Anfang. Daher bietet der **Akademische Reisedienst Görlitz** keine Standardreisen. Jede Reise mit uns wird zu einem besonderen, persönlichen Erlebnis, wobei auch Verpflegung und Akkomodation den besonderen Erwartungen unserer Gäste Rechnung tragen.

Rufen Sie uns einfach an - wir freuen uns darauf, Ihnen unsere Ideen zu präsentieren oder mit Ihnen zusammen Ihre ganz persönliche Reise zu entwickeln.

AKADEMISCHER
REISEDIENST
GÖRLITZ

Bartusch & Bednarek GbR
Fleischerstr.8, D-02826 Görlitz
Tel.: +49 (0)3581 - 42 16 73
Fax: +49 (0)3581 - 41 71 56
Mobil: +49 (0)173 - 372 26 42
reisedienst@bartusch-bednarek.de
www.bartusch-bednarek.de

Es empfiehlt sich, nicht nur für die Stadt Görlitz, sondern auch für die attraktiven Ziele der Umgebung ein paar Tage mehr einzuplanen. Von Görlitz aus liegen die Städte Bautzen, Zittau, Reichenberg (Liberec), Prag, Hirschberg Jelenia Gora) oder Breslau (Wrozlaw) nur einen Katzensprung entfernt.

Görlitz ist auch ideale Ausgangspunkt für Tagesreisen ins Riesengebirge, mit einem Besuch der Schneekoppe, der Kirche Wang oder dem Skisportort Harachov im Tschechischen.

Ebenso zu empfehlen ist die Nutzung der interessanten, wie auch preiswerten Angebote der Görlitzer Reiseveranstalter. Hier begleiten Sie die Kenner der Region!

GÖRLITZ - TOURIST
Ihr Partner vor Ort

Brüderstraße 1, 02826 Görlitz
Ansprechpartner: Matthias Buchwald
Tel.: 03581 / 475729
Fax: 03581 / 475731
www.goerlitz-tourist.de
m.buchwald@goerlitz-tourist.de

URANIA REISEN
Görlitz-Tours
buchwald@goerlitz-tours.de
Urania Reisen - Görlitz Tours
Klosterplatz 03
02826 Görlitz
fon 03581 / 40 62 12
fax 03581 / 66 16 29

Das Leistungsangebot von UraniaReisen-GörlitzTours:
Tagesfahrten im Dreiländereck Schlesien, Böhmen, Oberlausitzer Bergland,
Städtefahrten nach Breslau, Dresden, Prag
Organisation und Buscharter, Busse von 8 bis 65 Sitzplätzen
Tagesfahrtenprogramme für das gesamte Jahr
Reisearrangements für die Region,
Reiseleitungen,
Stadtführungen

Reiseziele der Region

Görlitz liegt doch in der Mitte Europas

Es lohnt sich, mehrere Tage zu verweilen, um mit Tagesausflügen die Region zu erkunden

Steckbrief Bautzen

Lage und Bedeutung:
Zentrum der westlichen Oberlausitz, zugleich das der Obersorben, an einer Spreeschleife gelegen, einst „sächsisches Nürnberg“ genannt, über 1000 Jahre alt.

Erreichbarkeit ab Görlitz:
im eigenen Pkw am besten über die Autobahn A4 - ansonsten im stündlichen Regionalverkehr der Bahn, Fahrzeit ca. 35 min.

Wichtigste Baudenkmale:
Spätgotik: Petridom, St. Michael. Alte Wasserkunst; Renaissance: Ortenburg; Barock: Domstift, Rathaus; viele Bürgerhäuser des 19. Jh.: Semperkaserne, Rietschelgiebel, Gewandhaus am Marktplatz; 20. Jh.: Stadtmuseum, „Gelbes Elend“ oder besuchen Sie gegenüber von Bad Muskau den polnischen Markt

Steckbrief Zittau

Lage und Bedeutung:
Kleinstadt im Dreiländereck in landschaftlich reizvoller Lage an der Lausitzer Neiße gelegen, am Fuße des Zittauer Gebirges.

Erreichbarkeit ab Görlitz:
im eigenen Pkw am besten über die B 99, ansonsten per Bahn auf der durch den privaten Schienennetzbetreiber Connex betriebenen Strecke

Empfehlung:
Nehmen Sie sich etwas Zeit und fahren einmal mit der „Bimmelbahn“ nach Johnsdorf oder Oybin.

Wichtigste Baudenkmale:
Gotik: Kirche zum heiligen Kreuz, Weberkirche; Renaissance: Dornspachhaus, Altes Gymnasium, Alter Marstall; Barock: Bürgerhäuser am Markt; 19. Jh.: Rathaus, Ringbebauung, Johanniskirche, Bahnhof, Baugewerkeschule; 20. Jh.: Stadttheater

Bautzen

Geschichte: Bautzen wurde im Schatten einer Burg hoch oberhalb der Spree als Siedlung von Kaufleuten gegründet, dort, wo die via regia einst den Fluss Spree kreuzte. In der Ortenburg residierte im 11. Jh. Wiprecht von Groitzsch, der von hier aus die Kolonialisierung des Landes leitete. Der Neuausbau der Burg im 15. Jh. erfolgte durch den Ungarnkönig Matthias Corvinus. Als Mitglied des Oberlausitzer Sechsstädtebundes war die Stadt stark befestigt, wurde aber von fast allen Kriegen heimgesucht.
Im Dreißigjährigen Krieg durch die Kaiserlichen Truppen angezündet und fast vollständig niedergebrannt, erholte sich die Stadt in der Folgezeit nur langsam. 1813 errang Napoleon bei Bautzen einen seiner letzten Siege gegen die Verbündeten. Im 19. Jahrhundert entwickelte sich Bautzen zum Zentrum der sächsischen Oberlausitz. Mit dem Ziel der Erweiterung der Stadt wurden zu dieser Zeit weite Teile der Stadtbefestigung abgetragen. Bautzen wurde damals Standort der bekanntesten sächsischen Strafvollzugsanstalt, im Volksmund das „gelbe Elend“ genannt.
Schwere Kämpfe tobten rund um Bautzen am Ende des 2. Weltkrieges und zerstörten die Stadt zu 35%. In den fünfziger Jahren erlangte Bautzen traurige Berühmtheit durch die Einrichtung des berüchtigten Stasigefängnisses Bautzen II, heute Gedenkstätte. Bekannte Söhne der Stadt sind der Humanist und Schwiegersohn Melanchthons Caspar Peucer sowie der Philosoph Rudolf Lotze.

Zittau

Geschichte: 1238 in einer Prager Urkunde erstmals erwähnt, leitet sich der Name der Stadt vom slawischen Wort für Korn ab. Bereits im 14. Jh. war Zittau als eine der drei großen oberlausitzer Städte Mitglied des Sechsstädtebundes. Reich geworden durch den Handel mit Tuchen und durch das Bier erlebte die Stadt im 16. Jh. eine vorerst letzte große wirtschaftliche Blütezeit. Während des Dreißigjährigen Krieges kam Zittau, wie die gesamte Oberlausitz an Sachsen.
Ein erneuter wirtschaftlicher Aufschwung setzte erst im 18. Jh. ein. Damals war Zittau eine Handelstadt in Sachsen, die man gleich nach Leipzig nannte. Ihre schwärzeste Stunde erlebte die Stadt im Jahre 1757 während des siebenjährigen Krieges, als sie nahezu vollständig durch die Österreicher zerstört wurde.
Erst im 19. Jh. ging es durch die sich etablierende Textilindustrie und durch den Maschinenbau wieder deutlich bergan. Durch die unglückliche Grenzziehung 1945 geriet Zittau in eine beengende Grenzlage, aus der man sich erst nach 1990 befreien konnte. Zittau ist heute wieder eine schöne Stadt mit einer beeindruckenden Bausubstanz, aber zugleich ein Standort mit enormen wirtschaftlichen Problemen.

Bad Muskau

Geschichte: Die zuvor unbedeutende Kleinstadt an der Lausitzer Neiße erlebte ihren ersten wirtschaftlichen und geistigen Aufschwung unter der Standesherrschaft von Ludwig Heinrich Herrmann von Pückler Muskau, der 1785 hier geboren wurde. Pückler, der an den Befreiungskriegen teilgenommen hatte, war zuvor durch weite Teile Europas gereist, um Landschaftsparks und deren Anlagen zu studieren. Ab 1815 machte sich der ansonsten als Salonlöwe und Frauenschwarm bekannte Standesherr daran, weitere Grundstücke vor seiner Haustür zu erwerben, um in seiner Heimatstadt einen bis dahin unerhört großen romantischen Landschaftspark zu gestalten. Nach Beratungsgesprächen mit Schinkel und Lenné begann er ab 1826 forciert mit dem Straßen- und Wegebau, ließ Wiesen und Sträucher anlegen, pflanzte oder versetzte Bäume nach gestalterischen Gesichtspunkten.
Als der Park eine Größe von 300 ha erreicht hatte, war Pückler vorerst Pleite und musste seine Herrschaft verkaufen. Er selbst zog nach Branitz und starb dort 1871 nach der Anlage eines zweiten, kleineren, aber noch vielgestaltigeren Parks. Noch zu seiner Muskauer Zeit wurde die Stadt Kurstadt, nachdem Pückler 1823 ein Moor- und Heilbad eröffnet hatte.
Am 16. und 17. April 1945 tobten in und um Bad Muskau schwere Kämpfe, die den Ort fast vollständig zerstörten und weite Teile des Parks verwüsteten. Durch die spätere Grenzziehung verblieb nur noch ein Drittel des ehemals großen Parks auf der deutschen Seite. Heute lohnt es sich wieder, über eine der Brücken auf die polnische Seite zu spazieren, um die Natur als Kunstwerk zu erleben.

Kloster Marienthal - Ostritz

Geschichte: Die Zisterzienserinnenabtei St. Marienthal ist eines der ältesten noch betriebenen Klöster Deutschlands. Am 14. Oktober 1234 wurde in Prag die Schenkungsurkunde von Königin Kunigundis, Gemahlin des Königs Wenzel von Böhmen, ausgestellt. 1245 erhielt das Kloster Exention und ist seitdem unabhängig von bischöflicher Rechtssprechung. 1683 brannte die 1244 erbaute gotische Kirche des Klosters, wie auch die gesamte Anlage, ab und wurde von diesem Zeitpunkt an in barocken Formen neu aufgebaut. Während eines erneuten Umbaus im Jahr 1859 erhielt die Kirche eine neue Ausmalung.
Die Kreuz- und Michaelskapelle mit ihrer Rokokoausstattung wurde 1756 geweiht. Weitere Bestandteile des Klosters sind die Abtei (nach 1683), das Stiftsamt (ab 1743) und die Probstei (nach 1683).
Seit 1992 befindet sich hier, parallel zum Kloster, ein internationales Begegnungszentrum.

Steckbrief Bad Muskau

Lage und Bedeutung:
Kleinstadt an der Lausitzer Neiße, die im 19. Jh. durch Fürst Pückler mit seinem Landschaftspark zu großer Berühmtheit gelangte

Erreichbarkeit ab Görlitz:
mit dem PKW am besten die B115 in Richtung Norden (ca. 35 min) - ansonsten per Linienbus ab Bahnhof Weißwasser

Wichtigste Baudenkmale:
Renaissance: Altes Schloss; 19. Jh.: Neues Schloss, Semperorangerie

Empfehlung:
Verbinden Sie Ihren Ausflug mit einem Abstecher zu Schloss und Park Branitz oder besuchen Sie gegenüber von Bad Muskau den polnischen Markt

Steckbrief Kloster Marienthal

Lage und Bedeutung:
südlich von Görlitz, direkt an der Neiße gelegen

Erreichbarkeit ab Görlitz:
im eigenen PKW über die B99 in Richtung Zittau (ca. 20 min) - ansonsten per Bahn auf der durch den privaten Schienennetzbetreiber Connex unterhaltenen Strecke - Bahnhof Ostritz jenseits der Neiße auf der polnischen Seite (Ausweis nicht vergessen)

Führungen:
Klosterführung, Klosterkirche (Kreuzkapelle mit Gruft - Ausstellung „ora et labora“ mit Klostermodell), Garten der Bibelpflanzen (Die Bibel und die Pflanzenwelt - Heilkräuter und Arzneipflanzen - Rosenhecken - Obstspalierbau - Wassergraben - Marienpflanzen) Historisches Sägewerk, Wasserkraftwerk und Ausstellung „ENERGIE-WERK-STAD(T)T“

Königshain
Ein lohnendes Ausflugsziel in der näheren Umgebung der Stadt ist das Dorf Königshain (1298 erstmals urkundlich erwähnt) mit seiner Schlossanlage. Dazu gehören der gotische Steinstock, das Renaissance- und ein Barockschloss.
1504 erwarb der Görlitzer Kaufmann Hans Frenzel das Rittergut Königshain und sein Sohn errichtete später das Wasser- und Renaissanceschloss. Das Barockschloss wurde 1764 von Carl Adolph Schachmann errichtet.
Im Dorf können Sie noch eine ganze Reihe von historischen dörflichen Wohngebäuden erleben. Für Wanderfreunde empfiehlt sich eine Wanderung durch die Königshainer Berge.

Besichtigungen: Schlosskomplex Königshain, Granitabbaumuseum Königshain, Steinbruch Lehrpfad

Erreichbarkeit: mit dem PKW aus Görlitz, Girbigsdorfer Straße, vorbei am Klinikum, die Umgehungsstraße kreuzend, entlang des Flugplatzes, durch Girbigsdorf nach Königshain (15 min).

SAURIERGARTEN
PRÄHISTORISCHE ANLAGE
FRANZ GRUSS

www.saurierpark.de
www.sauriergarten.de

Saurierpark Kleinwelka
Eine Attraktion für Ihre Kinder bietet Ihnen der Saurierpark in Kleinwelka bei Bautzen. Sie finden hier über 100 lebensgroße Saurierplastiken, einen Planetenspielplatz, eine Netzkletteranlage, eine „Ausgrabungsstätte“ und ein Labyrinth.

Erreichbarkeit: mit dem PKW über die Autobahn A4 in Richtung Bautzen / Dresden bis zur Abfahrt Salzenforst nach Bautzen (30 min).

Obercunnersdorf
Vielleicht möchten Sie auch einmal das schönste Dorf der Oberlausitz - Obercunnersdorf - besuchen. Hier steht fast alles unter Denkmalschutz. Sie werden das Gefühl, in diesem Ort ist die Zeit stehen geblieben, einfach nicht los. Wichtigste Attraktion des Dorfes sind seine 260 gut erhaltenen und liebevoll sanierten Umgebindehäuser, einem in der Oberlausitz häufig zu findenden Haustyp. Besonders stolz ist die Gemeinde auf ihre vielfältigen Auszeichnungen.

Lohnenswert ist auch ein Abstecher nach dem nahe gelegenen Herrnhut.

Erreichbarkeit ab Görlitz: Die B6 in Richtung Löbau / Bautzen, direkt nach Löbau links abbiegen in Richtung Zittau, vor Herrnhut Abfahrt nach Obercunnersdorf (ca. 30 min).
Rückfahrt am besten über die Dörfer des Oberlausitzer Berglandes in Richtung Zittau und von dort über die B99 zurück nach Görlitz.

Hirschberg - Jelenia Gora

Geschichte: Im 13. Jh. erstmalig erwähnt, entstand die Stadt als deutschrechtliche Gründung aus einer früheren Siedlung. Wirtschaftlicher Aufschwung entstand bereits im späten Mittelalter durch die Tuchmacherei, später durch die Tuchweberei, ab dem 17. Jh. insbesondere durch die Schleierweberei. Die Hirschberger Schleierherren hatten damals einen guten Ruf. Am Beginn des 18. Jh. erhielt Hirschberg eine der 6 Gnadenkirchen im damals noch habsburgischen Schlesien. Ab 1740 preußisch, wurde die Stadt und das Hirschberger Tal im 19. Jh. beliebte Sommerfrische u.a. auch für die preußische Königsfamilie. Es entstanden im Umland eine Vielzahl von kleinen und mittleren Schlössern, die man zum Teil heute wieder attraktiv hergerichtet hat. Heute macht das Zentrum der Stadt mit seinen renovierten Fassaden wieder einen frischen und sauberen Eindruck. Die beiden beliebtesten Ferienorte im schlesischen Riesengebirge Krummhübel und Schreiberhau sind ab Hirschberg mit dem PKW in ca. 30 min zu erreichen.

Breslau - Wroclaw

Geschichte: Ursprünglich als böhmische Gründung entstanden, war Breslau später Sitz schlesischer Piasten. 1241 durch die Mongolen fast vollständig zerstört, entstand die Stadt neu nach dem typischen Muster einer deutschen Kolonialgründung. Als wichtige Handelsstadt an der Via Regia gelegen, entwickelte die Stadt ihre größte wirtschaftliche Blüte im späten Mittelalter und zur Zeit der Renaissance. Ab 1526 habsburgisch, fiel Breslau (wie ganz Schlesien) ab 1740 an Preußen. Im späten 19. Jh. noch die drittgrößte Stadt Deutschlands endete das lange Kapitel deutscher Geschichte am Ende des 2. Weltkrieges. Die Reste der deutschen Bevölkerung wurden 1945 aus der zu 60% zerstörten Stadt vertrieben, um polnischen Umsiedlern, meist aus der Lemberger Region stammend, Platz zu machen. Der Wiederaufbau des historischen Zentrums erfolgte durch die neue polnische Verwaltung. Der Name Wroclaw stellt die polnische Form des lateinischen Namens „Wratislavia“ dar, aus dem sich einst auch die dt. Bezeichnung Breslau entwickelte.

Wichtigste Baudenkmale:
Romanik: Portal des Vinzenzklosters an der Maria Magdalenen Kirche; Gotik: St. Elisabeth, Dom, St. Maria auf dem Sande, Rathaus auf dem Ring u.a.; Renaissance: Rathaus, Bürgerhäuser am Ring; Barock: Universität, Matthiaskirche u.a.; Klassizismus: Stadttheater (heutige Oper); 19. Jh: Reste vom Stadtschloss, Synagoge z. weißen Storch, Hauptbahnhof; 20. Jh.: Jahrhunderthalle, Stadtsparkasse, WUWA Siedlung, Postscheckamt u.a.

Steckbrief Hirschberg

Lage und Bedeutung:
Großstadt am Riesengebirge in landschaftlich reizvoller Lage am Zusammenfluss von Bober und Zacken gelegen, seit den 70-er Jahren mit dem Kurort Bad Warmbrunn / Cieplice vereint.

Erreichbarkeit ab Görlitz:
Im eigenen Pkw am besten über Lauban / Luban. Ansonsten mit Bussen der ehemals staatlichen polnischen Busgesellschaft PKS ab Zgorzelec.

Wichtigste Baudenkmale:
Gotik: St. Erasmus und Pankratius; Renaissance: Schloss Schwarzbach / Czarne; Barock: Rathaus, Bürgerhäuser am Markt, Gnadenkirche, Schaffgotschpalais in Bad Warmbrunn; 19. Jh.: Kurbauten in Bad Warmbrunn; 20. Jh.: Jugendstiltheater, Riesengebirgsmuseum, Haus Wiesenstein in Agnetendorf / Jagniatków; poln. Baude auf der Schneekoppe vom A. d. 70er Jahre

Steckbrief Breslau

Lage und Bedeutung:
Hauptstadt der polnischen Wojewodschaft Niederschlesien beidseits der mittleren Oder gelegen, Wissenschaftsstandort, Sitz des Bistums Breslau

Erreichbarkeit ab Görlitz:
Im eigenen Pkw ab einem der Grenzübergänge in Görlitz Landstraße bis Bunzlau, dann über Autobahn A4. Es empfiehlt sich die Teilnahme an einer der oft angebotenen Tagesfahrten. Eine Alternative bietet der Linienbusverkehr Dresden – Wroclaw ab Hornbach / Görlitz zweimal täglich. Außerdem steht die polnische Staatsbahn PKP zur Verfügung, allerdings sollte man dafür sehr viel Zeit einplanen. Mietwagen gängiger Anbieter ab Görlitz nach Polen sind ebenso möglich.

Steckbrief Reichenberg

Lage und Bedeutung:
Großstadt der Tschechischen Republik am Isergebirge und an der Lausitzer Neiße gelegen mit dem Hausberg Jeschken / Jested

Erreichbarkeit ab Görlitz:
Im eigenen Pkw am besten über Zawidów / Seidenberg und Frydlant / Friedland. - Mit der Bahn über Zittau in 1,5 Stunden erreichbar, samstags als durchgehende Verbindung der Connex-Bahn.

Wichtigste Baudenkmale:
Gotik: Renaissance: Altes Schloss, Schlosskapelle, Altes Rathaus; Barock: Neues Schloss, Kreuzkirche mit Heiliggrab- Kapelle, Wallensteinhäuser, Antoniuskirche; 19. Jh.: Neues Rathaus, Stadttheater, Stadtsparkasse, Schlossumbauten, Hotel Europa am Markt, Nordböhmisches Museum; 20. Jh.: Fernsehturm auf dem Jeschken v. 1973

Steckbrief Prag

Lage und Bedeutung:
Hauptstadt der Tschechischen Republik an der unteren Moldau gelegen, eine der schönsten Städte Europas, Wissenschaftsstandort, Sitz des Bistums Prag

Erreichbarkeit ab Görlitz:
Im eigenen Pkw am besten über Zawidów nach Frydlant, Liberec und Prag - ab Liberec Autobahn, Vignettenpflicht (!) Tagesreiseangebote beachten. Alternativ mit dem Zug bis Liberec und von da an weiter mit Überlandbus.

Empfehlung:
Es lohnt sich, für Tagesausflüge die geführten Reiseangebote zu nutzen. Wenn Sie allein unterwegs sind, planen Sie besser 2 oder 3 Tage für Ihren Aufenthalt ein.

Reichenberg - Liberec

Geschichte: Entstanden um 1300 als Bergbausiedlung, wuchs der Ort später wegen seiner vorteilhaften Lage an der alten Handelsstraße von Görlitz nach Prag. Nach Zuzug von flämischen und deutschen Leinewebern entwickelte sich der Standort zu einem Zentrum der böhmischen Tuchmacherei. Im Jahre 1577 durch Kaiser Rudolph II. offiziell zur Stadt erhoben, war die Stadt lange Zeit im Besitz derer von Redern. Nach der Niederlage der böhmischen Stände am Weißen Berg bei Prag kam die Stadt ab 1622 in den Besitz Wallensteins. Nach dessen Ermordung in Eger 1634 fiel der Besitz an das Geschlecht derer von Glam-Gallas.

Bereits im 18. Jh. zur leistungsfähigsten Tuchmacherstadt Böhmens avanciert, entwickelte sich Reichenberg im 19. Jh. zur Industriestadt. Schon vor 1918 war die Stadt Zentrum der deutschen und tschechischen Arbeiterbewegung. Nach dem Ende der Habsburger Monarchie verstärkten sich jedoch die Spannungen zwischen beiden Nationalitäten. 1938 erhoben die Nationalsozialisten Reichenberg zur Hauptstadt des Sudetenlandes. Nach 1945 wurden die deutschen Einwohner vertrieben.

Prag

Geschichte: Die slawische Besiedlung des böhmischen Beckens erfolgte bereits seit dem 6.Jh.. Das Herrschergeschlecht der Premysliden gründete später eine Burg an der Stelle des heutigen Hradschin. Zu Füßen der Burg und jenseits des Flusses wuchs bald eine wichtige Handelsstadt, welche zur Zeit der luxemburgischen und später habsburgischen Herrscher auf dem Prager Thron prunkvoll ausgebaut wurde. 1348 entstand hier die erste europäische Universität nördlich der Alpen, an der u.a. auch Jan Hus lehrte. Als Auslöser des Dreißigjährigen Krieges gilt der zweite Prager Fenstersturz von 1618. Die Stadt und das Land blieben bei den Habsburgern bis 1918. Die Gründung der souveränen Tschechoslowakei unter Masaryk machte Prag zur neuen Hauptstadt des Landes. Ab 1938 durch Hitlerdeutschland besetzt, überlebte Prag den zweiten Weltkrieg dennoch fast unzerstört.

Wichtigste Baudenkmale: Romanik: St. Martinsrotunde auf dem Vysehrad, St. Georgsbasilika auf dem Hradschin; Gotik: Veitsdom, Wladyslawsaal der Prager Burg, Altstädter Rathaus, Teynkirche, Karlsbrücke u.a.; Renaissance: Teynhof, Schwarzenbergpalais, Belvedere, Waldsteinpalais u.a.; Barock: St. Nikolaus a. d. Kleinseite, Nikolaikirche am Altstädter Ring, Loreto , Czerninpalast u.a.; 19. Jh.: Nationaltheater, Rudolfinum, Messegelände; 20. Jh.: Hauptbahnhof, Herz Jesu Kirche in Vinohrady, Hotel Europa, Hotel Meran, Mährische Bank, Repräsentationshaus, Kaufhaus Bata u.a.

Register

A

B

C

D

E

F

G

T

U

V

W

Z

Kunnersdorf
B 115 Cottbus, Berlin
Hornbach
Porta
Autobahn A4 Dresden-Breslau
Einsiedel
Ludwigsdorf
NW
NO
SW
SO
Ebersbach
Grenz-
übergang
Neiße
Klingewalde
Schöpstal
Königshufen
Lausitzer Str.
Rothenburger Str.
Roller
Praktiker
Marktkauf
Schlesische Str.
Schlesische Str.
Königshain
Neugasse
H
Nieskyer Str.
Scultetusstr.
Girbigsdorf
Girbigsdorfer Str.
Girbigsdorfer Str.
Städtischer
Friedhof
Klinikum
Flugplatz
Nikolai-
friedhof
Heiliges
Grab
Nikolaivorstadt
Wroclawiska
Lubanska
Postplatz
Zeppelinstr.
Siebenbörner
Bombardier
Chr.-Lüders-Str.
Zgorzelec
Holtendorf
Bus P
Bautzener
Str.
Demiani-
platz
Elisabethstr.
Uferstr.
Daszynskiego
Luther-
kirche
Rauschwalder Str.
H
Postplatz
T. Kosciuszki
B 6 Bautzen, Dresden
Landskron-
str.
M
Stadtpark
Krölstr.
H
Reichenbacher Str.
Bahnhofstr.
P
Wilhelms-
platz
Grenz-
übergang
Bohatewo
Rauschwalde
Berliner
Str.